자기성장을 위한

성격심리학

성격심리학자들의 삶과 이론

자기성장을 위한

성격심리학

성격심리학자들의 삶과 이론

김영애 지음

Σ 시그마프레스

자기성장을 위한 **성격심리학** : 성격심리학자들의 삶과 이론

발행일 | 2016년 11월 10일 1쇄 발행
      2023년 3월 10일 2쇄 발행

지은이 | 김영애
발행인 | 강학경
발행처 | **(주)시그마프레스**
디자인 | 김경임
편 집 | 문수진

등록번호 | 제10-2642호
주소 | 서울시 영등포구 양평로 22길 21 선유도코오롱디지털타워 A401~402호
전자우편 | sigma@spress.co.kr
홈페이지 | http://www.sigmapress.co.kr
전화 | (02)323-4845, (02)2062-5184~8
팩스 | (02)323-4197

ISBN | 978-89-6866-834-0

이 도서의 국립중앙도서관 출판예정도서목록(CIP)은 서지정보유통지원시스템 홈페이지(http://seoji.nl.go.kr)와 국가자료공동목록시스템(http://www.nl.go.kr/kolisnet)에서 이용하실 수 있습니다.(CIP제어번호 : CIP2016025975)

차례

이 책을 읽는 이에게

"나는 누구이고, 나는 왜 나인가?"라는 질문을 가지고 씨름해보지 않은 사람은 드물 것이다. 하지만 사람은 너무나 복잡하고 이해하기 어렵기 때문에 이 질문에 명쾌한 답을 찾기가 쉽지 않다. 이런 질문에 답을 찾기 위해 끊임없이 노력한 사람들이 바로 성격심리학자들이다. 그들의 이론도 자신의 삶, 기존의 학문적 이해, 그리고 자신만의 새로운 관점을 통합해서 체계화한 것이다.

이 책은 각 이론가들의 삶의 배경, 이론의 핵심 내용을 소개하고, 그리고 연습문제를 포함시켜 독자로 하여금 자신을 살펴보도록 꾸며졌다. 각각의 이론들은 성격의 어느 한 측면을 잘 설명하기 때문에 자신에게 적용해보면 뜻하지 않은 통찰을 얻을 수 있다. 이 책의 질문에 답을 쓰는 과정을 거치는 동안 뜻밖의 기억이 떠오르거나 얽혀 있던 감정이 올라오기 때문에 하고 싶지 않은 마음이 생기기도 한다. 이때 자신도 모르는 사이에 정직한 답을 쓰지 않을 수도 있다. 이런 마음이 크면 클수록 자신의 내면을 직시하지 못하고 회피하거나 억압하고 있다는 것을 암시한다. 진솔하게 과제를 수행하되 자유로운 마음으로 답을 작성하다 보면 내면의 힘이 커지는 것을 경험할 것이다. 우리가 고통을 마주 할 때 조금 더 성숙해질 수 있다.

2016년 가을

김영애

나의 삶에 대한 질문들

지금까지 대부분의 성격에 관한 이론들은 임상적 관찰을 통해 세워진 가설들이었다. 그러나 뇌신경과학, 후성학 등의 학문적 발달은 성격 형성 과정에 대해 좀 더 과학적인 이론을 제공하고 있다. 이들 학문의 발전은 환경이 유전자에 끼치는 영향, 그리고 유전자 변형이 다음 세대에 전달되는 과정까지 설명하고 있다. 후성학에 의하면 선대가 처한 사회, 자연환경 조건이 유전자에 기록되고, 그 기록이 다음 세대에 DNA를 통해 전달된다는 것이다. 그러면 성격 형성에 가장 큰 영향을 끼치는 중요한 환경은 무엇일까? 그것은 내가 태어나고 성장하는 과정에 함께하는 가족이다. 가족은 유전자뿐만 아니라 물리적 환경과 더불어 심리적 환경까지 제공하기 때문이다. 여기에서 소개하는 성격 심리학자들도 그들의 이론들이 자신들이 경험한 어린 시절에 영향을 받았음을 볼 수 있다. 따라서 나 자신을 좀 더 이해하기 위해 먼저 나와 가족관계에 대해 알아보고자 한다.

아래의 질문에 답을 하면서 가족이 나에게 준 긍정적인 또는 부정적인 영향에 대해서 탐색해보자.

- 부모(혹은 양부모)에 대해 생각해보라.
  우리는 성장하면서 부모의 여러 부분을 내재화한다. 이 과정에서 부모를 지나치게 거부하거나 혹은 이상화하게 된다. 그렇게 되면 내 안의 거부하는 부모의 모습은 부정적으로 판단해 없애려 하고 반대로 내가 이상화하는 부모의 모습은 아무런 판단 없이 받아들이게 된다.

  ....
  ....
  ....
  ....
  ....

- 부모를 표현할 수 있는 긍정적인 형용사 3개, 부정적인 형용사 3개를 찾아보라. 나를 표현할 수 있는 긍정적, 부정적 형용사를 찾아보라. 부모에 대한 형용사와 나의 형용사를 비교해보라. 그리고 부정적인 형용사의 긍정적인 측면을 찾아보라.

  ....
  ....
  ....
  ....
  ....

- 당신의 형제자매에 대해서 간략히 적고, 그들과의 관계를 살펴보라.
  부모가 누구를 더 배려하고, 인정하고, 사랑했는가? 혹은 거부하고 싫어했는가?
  형제자매들 사이의 관계는 어떠했는가? 부모와 심각한 갈등을 일으킨 형제자매
  가 있는가? 그런 형제자매로 인해 나는 어떤 생각을 하고, 어떤 결심을 했는가?

- 당신은 가족 중에서 누구와 가장 많이 닮았는가? 어떤 점이 닮았는가?
  닮은 것에 대해서 어떻게 느끼는가?

- 가족구성원들 각자가 가지고 있는 자원은 무엇인가? 가족구성원들이 공유하는 자원은 무엇인가? 지금까지 살아오는 동안에 긍정적인 영향을 준 자원은 무엇인가? 현재 삶에 감사할 만한 자원은 무엇인가?

  _____

  _____

  _____

- 가족구성원들 사이의 친밀감 혹은 갈등을 어떻게 표현하고 해결했는가?

  _____

  _____

  _____

- 부모와 다른 가족구성원들은 어떻게 감정 표현을 했는가? 특히 분노를 어떻게 다루었는가? 허용되지 않았던 감정들이 있는가? 여전히 상처, 실망, 분노 또는 공포 등을 가지고 있는가?

  _____

  _____

  _____

- 당신에게 가장 큰 기쁨을 준 사건은 무엇인가? 또 가장 큰 슬픔을 준 경험은 무엇인가? 자신이 경험한 상실은 무엇이 있는가? 그것을 어떻게 다루었는가? 아직도 상실에 따른 영향을 받고 있는가?

  _____

  _____

  _____

- 가족구성원들은 상실을 어떻게 극복했는가? 여전히 극복하지 못하고 있는가? 만일 심각한 수준의 상실이 있었다면, 상실을 경험한 후 가족구성원들 간의 관계는 어떻게 변화했는가?

  _____

  _____

  _____

- 성장과정에서 가족구성원들 중에 심각한 질병을 앓고 있던 사람이 있었는가? 질병에 대한 가족구성원들의 태도는 어떠했는가? 만약 질병이 있다면 그 질병이 자신에게 어떤 영향을 끼쳤는가?

  _____

  _____

  _____

- 가족구성원들의 삶에 영향을 준 긍정적 혹은 부정적인 사건들이 있는가? 충격적인 사건들이 있었는가? 그로 인한 영향을 어떻게 다루었는가? 또 가족들에게 충격이 되는 정치적, 사회적, 문화적 사건들이 있었는가? 가족들은 그 사건들을 어떻게 다루었는가? 지금도 영향을 끼치고 있는가?

  _____

  _____

  _____

- 당신의 가족에게는 외부에 알려지지 않기를 바라는 가족들만의 비밀이 있는가? 가족구성원들이 알고 있으면서 서로 모르는 척하는 비밀이 있는가? 그러한 비밀이 가족구성원들에게 어떠한 영향을 끼치는가?

  _____

....

....

- 부모가 당신에게 가졌던 기대는 무엇이었는가? 일상적인 기대는 무엇이고, 미래
  에 대한 기대는 무엇인가?

....

....

....

- 내가 부모에게 가졌던 기대 혹은 환상은 무엇이었는가? 부모에 대한 기대가 채워
  지지 못했을 때 나는 어떻게 반응했는가?

....

....

....

- 당신이 믿었던 혹은 믿고 있는 종교가 있는가? 성장과정에서 종교가 부모대리 역
  할을 하는 경우도 많다. 그 경험은 어떤 것인가? 당신의 종교는 가족들의 종교와
  다른가? 그 차이를 어떻게 해결했는가?

....

....

....

- 가장 존경한 인물은 누구이며, 그 이유는 무엇인가? 당신은 누구를 가장 이상적
  인 모델로 꼽는가? 그 인물이 당신에게 끼친 영향은 무엇인가? 당신에게 가장
  큰 영향을 주었던 책(혹은 시, 예술작품)은 무엇인가? 그것들은 당신에게 언제,
  어떤 영향을 주었는가?

- 아동기나 청소년기에 만났던 스승은 누구였는가?(예: 책, TV, 영화, 위인, 유명 인사, 개인적으로 아는 사람들, 친구 등) 그들로부터 무엇을 배웠는가? 그 가르침들을 어떻게 활용하고 있는가?

- 발달 주기에 따른 과제들이 적절하게 이행되었는가?

- 부모님은 어떻게 재정 관리를 했는가? 부모님으로부터 재정 관리에 대해 무엇을 배웠는가?

- 부모님으로부터 나, 주위 환경, 삶의 양식에 대해 무엇을 배웠는가? 미래를 계획할 때 영향을 끼친 부모님과 가족의 가치관 및 규칙으로는 무엇이 있는가?

- 현재 당신의 생활을 적어보라. 무슨 일을 하고 있으며 누구와 함께 살고 있는가? 어린 시절에 가족과 떨어져 살았던 적이 있는가? 그랬다면 그 경험은 어떠했는가?

- 원하는 직업을 선택할 수 있다고 가정할 때, 당신의 흥미를 가장 강하게 끄는 직업은 무엇인가?

- 특별히 당신 자신에 대해 마음에 들어 하는 점이 있다면 무엇인가? 자기 자신을 바꿀 수 있다면 당신은 자신의 어떤 부분을 바꾸고 싶은가?

프로이트

Sigmund Freud

프로이트는 1856년에 체코 모라비아에서 태어났으며 네 살 때 가난 때문에 비엔나로 이주했다. 프로이트의 아버지는 스무 살이나 어린 아내와 재혼했음에도 불구하고 아내와 자녀에 대해 권위적이고 폭력적이었다. 어머니는 남편보다 공부 잘하는 맏아들 프로이트를 무척 사랑했고 의지했다. 그의 어머니는 여덟 식구가 방 2개짜리 좁은 아파트에서 살았는데도 프로이트에게 방 하나를 혼자 쓸 수 있도록 배려했다. 프로이트는 어려서부터 공부를 뛰어나게 잘했으나 유대인이라는 이유로 학교나 동료로부터 항상 이방인 취급을 당했다. 그의 획기적인 이론조차도 사람들로부터 인정받지 못하고 많은 비판을 받았다. 그러나 외부의 비판이 그를 오히려 강하게 단련시켜 자신의 이론을 끝까지 포기하지 않고 유지, 발전시키게 했다.

프로이트는 26세에 의사가 된 이후 연구직에 전념하려 했으나 가난 때문에 결혼 후에는 연구직을 포기하고 개인치료를 시작했다. 정신과 의사로 일하면서도 그는 과학적 탐색과 관찰을 포기하지 않았으며, 점차 정신병리와 신체적 질병과의 관계에 많은 흥미를 느끼게 되었다. 그는 수많은 논문과 저서를 발표했는데 처음에는 코카인에 대한 연구를 위해 스스로 코카인을 여러 번 피워보기까지 할 정도로 연구에 몰두했다. 샤르코Charcot의 지도 아래 히스테리 환자를 관찰했고, 1889년 여름에는 최면 전문가인 베르넴과 레보의 최면 실시 장면을 보면서 인간의 마음에는 자기 자신이 의식하지 못하는 과정, 즉 무의식이 존재한다는 것을 믿게 되었다. 이후 브로이어Breuer와 함께 히스테리 증상에 대한 최면치료 방법을 연구했으나, 얼마 후 이 치료법의 결함을 깨닫고 최면술 대신 자유연상 치료법을 고안했다. 이 치료법에 정신분석이라는 이름이 붙여졌으며, 이 이름은 그가 수립한 치료 방법론 전체를 지칭하는 이름이 되었다. 마침내 그는 1885년에 비엔나대학교의 교수가 되었다.

프로이트는 아버지를 닮아 권위적이었으며, 그만의 정신분석 왕국을 구축해 지도자가 되었다. 그는 정신분석 치료과정이 변형되면 정신분석의 힘과 과정이 약화되지 않을까 걱정했고 특히 사후에 자신의 이론이 왜곡되고 잘못 사용될 것에 대한 두려움이 많았다. 이런 두려움 때문에 프로이트는 사후에 후계자로 누구를 지목할지에 대해 많은 고민을 했으나 결국 유명한 제자들을 다 제치고 그의 딸 안나 프로이트가 이론의 정통성을 이어받아 발전시켰다.

프로이트에게도 많은 고통이 뒤따랐다. 프로이트의 이론이 많은 사람들에게 알려질수록 비판도 더욱 증가했다. 1923년부터는 건강문제로 많은 고통을 겪었는데 특히 구강암 때문에 33번의 수술을 하면서 힘든 나날을 보냈다. 1933년에는 나치로 인해 그의 엄청난 저서들이 모두 불타버리는 참사가 벌어졌다. 1938년에 독일이 오스트리아를 정복한 다음에야 나치 정권은 프로이트의 영국 망명을 허락했다. 프로이트는 영국에 간 지 1년 만에 사망했다.

프로이트는 성격이론가이자 사상가로서 정신분석학이라는 학파를 형성했다. 프로이트는 초기에 성격을 빙산에 비유해 ❶ 의식conscious, ❷ 전의식subconscious, ❸ 무의식unconscious의 세 부분으로 구분하는 지형학적 정신모형을 제시했고, 후에는 성격구조를 원초아id, 자아ego, 초자아superego의 세 부분으로 나누어 설명했다. 여기서 구조란 반복적이고 안정된 정신적 반응들과 기능의 조직화된 형태를 말한다.

프로이트의 성격발달이론은 심리성적 발달이론이다. 프로이트는 신체적 에너지의 일부가 심리적 에너지로 전환되는데 이 에너지를 리비도libido 에너지라 명명했다. 리비도 에너지는 생명 유지에 필요한 본능적인 성性 에너지이다. 성격구조의 하나인 원초아는 리비도 에너지가 모여 있는 저장고로 쾌락의 원리pleasure principle에 따라 작동한다. 리비도 에너지가 방출될 때 쾌락을 느끼는 신체적 부위는 성장과정에 따라 다르며, 이때 외부로부터 부적절한 압력이 들어오면 불안이 발생하고, 불안을 제대로 해결하지 못하면 그 시기에 따르는 신경증적 증상이 나타난다. 후기에 프로이트는 사람들의 공격적이고 자기패배적인 에너지를 설명하기 위해 유아의 삶과 죽음의 환상 속에서 드러나는 리비도 에너지에 죽음Thanatos의 에너지를 추가했다.

프로이트는 죽음의 에너지도 본능적이고 유혹적이며 아름답다고 이야기한다. 모든 유기체는 살고자 하는 리비도 에너지와 자신의 삶을 마감하고자 하는 죽음의 에너지가 있다. 죽음의 에너지도 진화론적 관점에서 보면 생명의 전달과정에 필요하다. 죽음은 한 개체적 유기체의 마감이지만 생명의 에너지 흐름 차원에서는 아름다운 에너지 흐름 과정의 일부일 뿐이다. 사실 프로이트의 죽음의 에너지에 대한 개념 형성은 그의 삶으로부터 비롯되었다. 프로이트는 신체적으로 건강하지 않았다. 30대에 심장병으로 인해 죽을 고비를 여러 번 넘겼기 때문에 비록 심장병이 점차 좋아졌음에도 불구하고 항상 죽음에 대해 상상하고 전반적으로 우울하고 비관적이었다. 그리고 죽음에 대해서 이성적으로 이해하고 준비하려고 애썼다. 또한 그는 제2차 세계대전에 출전한 아들이 죽을까봐 두려워하였고, 아픈 딸이 자식들을 남겨놓고 죽을까봐 걱정하였다. 자신의 구강암뿐만 아니라 이러한 가족의 건강 역시 죽음에 대한 두려움을 항상 느끼게 하였다. 이런 상황으로 인해 초기에는 죽음에 대해 신경증적으로 반응하였지만 점차 죽음을 거부하거나 저항하지 않고, 맑은 정신 상태에서 죽음을 맞이하려 하였다. 그는 죽음은 피할 수 없고, 거부할 수 없는 자연스러운 삶의 결과라고 보았다. 그럼에도 불구하고 우리는 죽음을 한쪽으로 밀어놓고, 삶에서 제거하려 한다. 그리고 아무도 자기가 죽을 것이라는 사실을 직면하려 하지 않고, 자신이 영원히 산다고 믿으려 한다. 그는 사람들이 죽음으로부터 위협당하기를 거부하고 달콤한 종교의 유혹에 빠지려 한다고 믿었다. 프로이트는 모든 유기체가 자신만의 방식으로, 언제, 어떻게 죽을지를 선택할 수 있다고 믿었고, 자신도 자신의 죽음에 대해 자신만의 방식으로 맞이하기를 바랐다. 그리고 그는 단지 생명을 연장하는 것은 사는 것이 아니기 때문에 일을 할 수 있고,

매일의 일상적인 규칙을 유지할 수 있을 때까지만 살아야 한다고 믿었다.

프로이트는 흡연으로 인해 구강암이 발병했기 때문에 의사가 금연을 강권하였지만 흡연을 끊지 않았다. 그는 방사선 치료를 수차례 받으면서도 흔들리지 않았고, 고통이 극에 달해도 아스피린 이외에는 진통제를 먹지 않으려 했다. 이런 약은 자신의 정신 상태를 흐려 놓기 때문에 거부하였고, 이런 그의 강력한 태도는 주위 사람들이 프로이트의 심리를 분석해봐야 한다고 걱정할 정도였다. 또 살아있는 한 정상적인 삶을 유지하고자 하는 그의 신념은 그가 그렇게도 사랑하였던 반려견조차도 구강암으로 인한 악취 때문에 가까이하려 하지 않을 때까지 내담자를 분석하는 일을 지속하였다.

프로이트는 자신의 병과 죽음을 용기 있게 대면하려 했기 때문에 1923년에 구강암을 발견하였을 때도 의사들이 병명과 치료 계획을 긍정적으로 말했을 때 그들의 거짓말을 용납하지 않았다. 그가 의사에게 원한 것은 죽음을 맞이할 시간이 다가오면 정직하게 말해주고, 잘 죽도록 도와달라는 것이었다. 병이 깊어질수록 아버지와 딸 안나는 점차 밀착된 관계로 발전되어 두 사람은 떨어질 수 없는 상태가 되었다.

프로이트는 흡연으로 인해 33번의 턱 수술을 받았음에도 불구하고 금연을 거부하였다. 그는 자신을 모험가로 생각하였지만 정리정돈과 시간관념이 철저하였고, 유머러스하기도 하고, 충동적이기도 하였지만 표현력은 떨어졌다. 부인과는 자녀를 다 낳은 후에는 성관계를 하지 않았다. 그의 이드, 리비도 등의 개념은 순전히 이론적이었다고도 할 수 있다. 그리고 그의 처제와의 관계는 많은 사람들이 의심하였지만 분명한 증거는 찾아내지 못했다. 오히려 그의 리비도의 대상은 시가라고 할 수 있다. 그의 흡연은 자신에 대한 저항이고, 흡연으로 인한 고통으로 자기를 포기하지 않는다는 고집이 드러났다고 할 수 있다. 그에게는 시가야말로 가장 중요한 위로자였고, 가장 충성스러운 친구이자 그의 창조성을 유지시켜 주는 대상이었다. 그는 그의 에로스 생명의 힘과 자신의 죽음의 본능과 끊임없이 죽을 때까지 싸웠다. 그러나 죽음을 두려워하기보다 담담하고 용기 있게 수용하려고 애썼다. 그의 암이 그 자신이나 정신분석을 지배하지 못하게 하였다. 그는 사람들에게 영원히 살려고 하지 말라고, 실패할 수밖에 없다고 말하고 있다.

프로이트 성격구조의 가장 기본은 원초아이다. 원초아가 쾌락을 가장 강력하게 느끼는 신체적 경험은 빨기와 배설 그리고 짝짓기이다. 그러나 이 시기의 신체적, 심리적 욕구는 인지 형성 이전 단계의 것이기 때문에 이미지나 상징으로 표현되고, 원초아 안에는 비이성적, 비공간적, 비시간적, 비윤리적, 비제한적인 상반된 충동들이 공존한다. 이런 이성적, 인지적으로 정돈이 안 되는 본능적인 욕구와 잠재적, 무의식적 생존욕구는 억압되었다가 반사적 행동으로 드러난다. 무의식적 내용은 꿈, 환상, 말실수로 드러나기도 하고, 아주 조금씩은 생각, 행동, 정서로 드러나기도 한다.

성격구조의 중심은 자아이다. 자아는 외부현실과 초자아의 제한을 고려해 원초아의 욕구를 표현하고 만족시키는 정신기제를 말한다. 자아는 성격의 합리적 요소로서 지각, 판단, 기억 등으로 현실 원리에 의해 움직이며, 현실로부터의 압력, 그리고 초자아의 요구를 잘 다스려 개체의 보존과 안전이 유지되는 범위 내에서 원초아의 욕구가 실현되도록 의사결정을 하는 의식적인 요소이다. 자아가 이들을 조정하고자 할 때 지나치게 압력을 받으면 불안을 느끼게 된다. 현실적 불안은 현실 세계에서 발생하는 실제적 위험에 대한 두려움으로, 합리적이며 이해될 수 있는 불안이지만 신경증적 불안은 원초아의 본능적 욕구와 현실 사이의 갈등으로 인해 발생하는 불안으로 현실적 불안과는 다르다. 본능적 욕구와 현실 사이의 갈등이 너무 커서 자아가 위협을 느끼면 무의식적으로 현실을 부정하거나 왜곡해서라도 자아를 보호하려 하는데, 이를 방어기제라 한다.

초자아는 성격구조에서 가장 마지막으로 발달하는 체계로서 사회규범과 기준이 내면화된 것을 말한다. 도덕의 원리에 의해서 지배되며, 초자아에서 발생한 죄책감에 의해 인간의 공격적 욕구, 또는 파괴적 본능이 통제되기 때문에 양심의 소리라고 할 수 있다. 무의식을 의식 차원으로 드러내는 것도 중요하지만 초자아도 충분하게 다루어야 자아의 기능을 제대로 회복할 수 있다. 즉 초자아와 원초아의 욕구가 조화를 이루어야 자아의 기능이 강화된다.

프로이트는 내담자를 치료할 때 부모의 영향에 대해서 언급하지는 않았지만, 내담자의 문제가 부적절한 부모 역할에서 기인한다고 보았다. 프로이트는 부모 혹은 양육자가 각 발달 단계에 필요한 유아의 기본적 욕구를 충분히 채워줄 때 다음 발달 단계로 자연스럽게 이행할 수 있고, 안정적이고 건강한 성격구조를 형성할 수 있다고 주장했다.

프로이트의 심리성적 발달 단계의 ❶ 첫 번째 단계(0~1세)는 구강기로서 구강적 통합행동과 구강적 공격행위를 어떻게 경험하느냐에 따라 성격 형성에 영향을 받게 된다. 이 시기에 고착되면 본능적 욕구 충족에 충동적으로 지배당하고, 의존적이며, 전존재적 우울감에 빠진다. ❷ 두 번째 단계(1~3세)는 항문기로 본능적 욕구가 처음으로 거부당하는 시기로서 부모가 아이를 거부하거나 혹은 사랑을 보여주는 척하다가 거부하게 되면 아이는 공격적이고, 적대적이고, 파괴적이고, 자기학대적이 된다. 이 시기에 고착되면 강박적이고 경직된 성격구조가 형성된다. 히스테리성 인격장애의 경우 이 시기에 고착되었다고 본다. ❸ 세 번째 단계(3~6세)는 남근기라고 칭했다.[1] 프로이트는 이 시기를 아이가 이성의 부모에게 성적 충동을 무의식적으로 느끼는 단계라고 설명하고 있다. 프로이트는 남아가 아버지에 대해 느끼는 감정을 오이디푸스 콤플렉스라고 명명하고, 여아의 경우에는 엘렉트라 콤플렉스라고 명명했다. 남아는 어머니를 소유하고 싶기 때문에 아버지를 죽이고 싶고, 동시에 아버지가 자기의 욕구를 눈치채고 자기를 거세할 것 같은 거세 불안을 느낀다. 점차 남아는 아버지와 동일시하고 아버지의 초자아를 받아들여 양심을 발달시키면서 자신의 어머니를 소유하고자 하는 본능적 욕구를 조절한다. 따라서 남아는 아버지를 사랑하고 싶지만 동시에 두려운 존재이고, 결국 어머니에 대한 성적 충동을 억압하게 된다. 즉 초자아를 발달시켜 의식에서 제거해 생각도 행동도 못하게 한다. 여아도 비슷한 상태에 처하지만 해결과정은 남아와 방향이 다르다. 여아는 아버지를 소유하고 싶기 때문에 어

---

1) 남근기는 남성 중심적 용어이다. 오히려 '성 정체성 형성시기'라고 칭하는 것이 더 바람직하다고 볼 수 있다.

머니가 경쟁대상이 되어버린다. 그러나 여아는 어머니와 똑같이 여성이기 때문에 어머니와 동일시하면서 후에 자기도 아들을 낳을 수 있다는 희망을 가짐으로써 욕구를 해결한다. 따라서 남아와 달리 충분히 콤플렉스를 해결하지 못한 상태로 남게 된다. 이 상태는 죽을 때까지 지속되거나 아니면 늦게 조금 해결되기도 한다. 결국 프로이트의 이론에 의하면 여아는 남아보다 초자아가 덜 발달하게 된다.

이 시기에 고착되면 남성은 무모하고, 허세를 부리고, 잘난 척하는 성격이 되며, 또한 지나치게 성적 환상에 빠지거나 성 도착증을 일으키기도 하며, 부적절한 성 정체성을 형성하게 된다. 여성은 남성을 정복하기 위해 지나치게 여성성을 과장하기도 한다. 프로이트는 이 시기까지의 경험이 성격구조에 영향을 미쳐 일생 동안 그 구조가 유지된다고 보았기 때문에 위의 세 발달 단계의 경험을 무엇보다 중요하게 다루었다. ❹ 네 번째 단계(6~11세)인 잠재기 단계는 사회적 활동을 시작하는 시기로 위험스러운 충동에 방황하지 않고 비교적 평온하게 지적활동이나 운동 등 사회적으로 용인되는 일에 에너지를 쏟는다. 그러나 곧 사춘기에 접어들기 때문에 잠재기의 안정성이 오래가지 못한다. ❺ 다섯 번째 단계(11~18세)인 생식기는 사춘기가 시작되는 시기로 생리적, 심리적 변화와 함께 성적 에너지가 다시 분출하게 된다. 이들은 다양한 성적 환상을 갖게 되고 부모로부터 독립해 이성 관계를 시작하게 된다.

프로이트는 불안과 방어기제 개념을 정리했다. 삶에 있어서 현실적 불안은 생존에 도움이 되지만 신경증적 불안은 정신건강에 해를 끼친다. 그러나 발달 단계에서 발생하는 불안이 높아지면 억압을 하게 된다. 억압은 약간의 의식적인 수준에서 진행되기도 하지만 대부분의 경우에는 무의식적인 수준에서 진행된다. 프로이트의 심리치료는 바로 원초아와 초자아의 갈등으로 인한 불안을 해결하는 데 있다.

이러한 불안을 해결하기 위해 무의식적으로 사용하는 책략이 방어기제이다. 방어기제의 종류는 ❶ 의식적 자각으로부터 충동이나 좋지 않은 기억을 무의식으로 밀어 넣으려는 억압, ❷ 우리를 불편하게 하거나 금지된 충동과 반대되는 방향의 사고 또는 행동으로 드러나는 반동 형성, ❸ 자신이 받아들일 수 없는 생각이나 욕망 등을 다른 사람에게 부여하는 투사, ❹ 좀 더 수용적이었던 미성숙한 상태로 다시 돌아감으로써 불안을 감소시키려는 퇴행, ❺ 자책감이나 죄책감을 느끼지 않기 위해 현실을 왜곡하는 것으로, 수용하기 힘든 행동을 합리적으로 설명해 수용할 수 있도록 행동을 재해석하는 합리화, ❻ 내적인 충동이나 욕망을 관련된 대상이 아닌 다른 대상에게 분출하는 전치, ❼ 사회적으로 허용되지 않는 충동을 허용되는 행위로 전환하는 승화 등이 있다.

프로이트는 억압의 과정에서 무의식적 수준에 저장된 것을 의식적 수준으로 끌어올려야 증상이 해결된다고 보았으며 최면, 자유연상, 꿈 분석 등의 방법으로 치료를 시작했다. 프로이트는 자유연상을 통해 경험의 불편한 기억의 파편들이 드러나는 것을 막는 저항을 분석해 억압된 내용이 의식 수준으로 떠오르게 하고, 꿈 분석을 통해 무의식이 의식에게 보내는 꿈의 실제적 내용과 상징적 내용을 분석해 무의식을 의식화시켰다.

프로이트의 이론과 치료 방법론은 객관적 관찰 및 실험이 결여된 사례연구이기 때문에 그의 개념들도 불투명해 과학적 검증이 어렵다는 비판을 받고 있다. 구강 및 항문기 성격의 특징, 원초아, 자아, 초자아, 죽음의 본능, 리비도 에너지, 신경증적 불안 등의 개념은 아직 실증적으로 증명되지 않았으나 무의식, 억압, 말실수, 꿈의 역할, 오이디푸스의 어떤 측면들은 다양한 연구에 의해 증명된 부분들이 있다. 성격이론에 있어서도 생리적 부분, 힘, 성, 공격적 측면만 지나치게 강조되고, 정서적 갈등의 뿌리를 어린 시절에만 한정하고 있다는 비판을 면치 못하고 있다. 또 이렇게 형성된 인간의 성격은 쉽게 변화될 수 없다는 결정론적 입장을 취하고 있기 때문에 프로이트의 인간관은 다소 비관적이라 할 수 있다. 특히 여성주의 이론가들은 프로이트의 이론이 매우 남성 우월적이라고 비판하고 있다. 그러나 성을 억압하던 19세기 유럽 사회에서 성적 내용을 학문적으로 체계화한 것 자체가 가히 혁명적이라고 할 수 있다.

프로이트의 추동이론도 유아 시기, 즉 남근기까지의 부모의 양육태도와 경험이 성격구조에 영향을 미치고, 부적절한 양육태도는 각 시기에 부합하는 다음 단계로의 이행을 방해해 성인이 되어서도 그 단계에 고착되어 인격 형성에 지속적으로 영향을 끼친다고 주장했다. 그럼에도 불구하고 정신분석 치료과정에서 현재의 부모나 가족의 영향을 엄격하게 차단하는 치료 방법은 내적 모순을 피할 수 없다. 지금까지의 설명과 같이 프로이트는 자신의 방법론을 관념적인 철학이나 종교적 관점이 아니라 이성적이고 과학적 규칙에 의거해서 설명하려고 애썼고 죽을 때까지 자신의 이성을 놓치지 않으려 했다.

프로이트가 구강암 수술을 여러 번 받으면서도 시가를 항상 물고 있었던 모습은 우리에게 많은 것을 시사한다. 프로이트 자신이 구강기에 고착되었던 것은 아닐까? 무척이나 권위적이고 어머니를 무시했던 아버지와 큰아들 프로이트에게 밀착했던 어머니 사이에서 경험했던 불안과 긴장이 아마도 프로이트가 말한 신경증적 불안의 근원이 아니었을까? 또한 똑똑한 제자들이 자신을 넘어설까 두려워했던 것은 무서운 아버지를 제거하고 아버지의 권력을 쟁취하고자 하는 자신의 무의식적 욕구를 해결하지 못했기 때문은 아니었을까? 이런 물음은 프로이트가 말한 어린 시절의 경험과 기억의 파편들이 지속적으로 우리 안에 남아서 무의식적 차원에서 영향을 끼치고 있다는 그의 이론을 증명하는 것처럼 보인다.

초기 기억

프로이트는 삶의 초기 경험과 기억들이 현재 개인이 지니고 있는 문제와 연관되어 있다는 것을 발견했다. 프로이트의 이런 생각들이 당신의 경우에도 적용되는지 살펴보자.

1. 다른 사람과 짝을 지어, 한 사람은 이야기를 하고 다른 한 사람은 상대방의 이야기를 기록한다. 이야기하는 사람은 기록하는 사람에게 보이지 않도록 돌아앉은 채로 5분 동안 가장 최초의 기억들을 떠올리고 그중 몇 가지를 되살려보고 기록하는 사람에게 그것들을 이야기한다. 분명하고 생생하게 회상할수록 이 경험에서 더 많은 것을 얻을 것이다. 이야기한 것과 연관된 또 다른 기억들이 떠오른다면 자유롭게 이야기한다.

   기록하는 사람은 들은 것을 사실적으로 적되 이야기하는 사람의 말의 높낮이, 크기, 자세 변화 등을 세밀하게 관찰하면서 이 기억의 어떤 측면을 중요시하는지에 주목하라.

2. 5분간 조용히 마음을 가라앉힌 후 역할을 바꾸어 같은 과정을 실행하라.

3. 두 사람이 작업을 끝낸 후에는 서로 말한 것들과 들은 것들에 대해 잠시 생각해보고 간략하게 느낀 것을 나누어라.

4. 서로의 기록에 대해 이야기해보고, 이야기 안에 함축된 것이나 연결된 것들이 있는지 살펴본다. 상대방이 기록한 감정들과 당신의 실제 감정과의 차이점을 적어보라. 혹시 당신이 기억을 왜곡하거나 어떠한 이야기들을 감추려고 하지는 않았는가?

5. 당신의 현재 삶에서 일어나고 있는 사건들과 과거의 기억들에 비슷한 면이 있는가? 혹은 당신이 기억하고 있는 상황과 현재 상황에 대해 비슷하게 반응하는 면이 있는가?

프로이트는 우리가 현재 타인과 관계 맺는 방식이 어린 시절 부모와 관계 맺는 방식과 연관되어 있다고 제안했다. 그 가능성들을 알아보기 위해 처음에 작성한 내용을 토대로 아래 질문에 대해 답해보라.

1. 부모를 포함해서 당신이 가장 좋아하고 사랑했던 사람들을 남성과 여성으로 나누어 적어보라.

2. 그들의 성격 중에 바람직한 면과 그렇지 않은 면을 적어보라.

3. 그들의 공통점과 차이점을 적어보라. 당신이 좋아하는 특정 유형의 사람이 있는가?

4. 당신이 지금 경험하는 부모님의 성격 중에서 바람직한 면과 그렇지 않은 면을 적어보라.

....

....

....

5. 당신이 자라는 동안 보아온 부모님의 성격 중 바람직한 면과 그렇지 않은 면을 적
   어보라.

....

....

....

6. 당신이 잘 아는 친구의 특성과 친구 부모님의 특성을 비교해보라.

....

....

....

7. 당신의 부모님과 당신, 친구 부모님과 친구의 특성을 비교해보라. 부모와 자녀가
   공유하는 것이 있는지 비교해보라.

....

....

....

프로이트는 본능적 충동과 현실적 삶의 한계 사이의 갈등을 해결하기 위한 방법이 꿈이라고 이야기한다. 꿈은 본능적 충동, 신체적 자극, 그날 있었던 사건 등에 남아 있는 에너지가 신체적, 심리적으로 해결되기를 원해 나타나는 것으로서 어떤 바람을 충족시키기 위한 것wish-fulfillment으로 보았다. 즉 실제로 행동하지 않고도 본능적 충동을 꿈을 통해 해결해 신체와 심리 사이의 조화를 이루게 된다.

꿈에 대한 이론은 다양하다. 그러나 꿈을 내적, 외적 문제를 해결하라는 메시지로 받아들이는 것이 좋다. 꿈을 진지하게 받아들이거나 혹은 해결하면 같은 형태의 꿈이 더 이상 나타나지 않는다.

1. 일주일간 매일 아침 일어나 다른 일을 시작하기 전에 간밤에 꾸었던 꿈에 대해 적어보라. 처음에는 꿈이 잘 기억나지 않을지도 모르지만 이렇게 꿈을 기억하려고 노력하다 보면 점차 꿈을 기억하는 것이 쉬워질 것이다. 마지막 날에 적은 것들을 읽어보고 꿈들 간의 공통된 주제가 있는지 적어보라.

2. 프로이트의 접근에 따라 꿈의 주요 내용을 분석해보자. 충족하고자 하는 욕구나 욕망이 있는가? 어떤 상징이 있는가? 그리고 그 상징은 무엇을 의미하는가?

3. 꿈속에 나타나는 특별한 인물이 있는가? 그 인물들은 당신에게 어떤 중요성이 있는가?

4. 꿈이 어떻게(예 : 행복하게, 슬프게, 불확실하게) 끝났는가?

5. 꿈의 여러 요소에 대해 자유연상을 해보자. 꿈속 인물이나 사건들이 예전에 일어났거나 최근 일어난 어떤 것을 떠올리게 하는가? 낮에 일어난 일이나 근래에 있었던 어떤 일들이 꿈을 꾸게 했다고 생각하는가? 꿈속에서 미래에 대해 암시하는 것을 볼 수 있는가?

6. 꿈을 지속적으로 몇 주간 기록해보자. 꿈들에 지속적으로 나타나는 주제나 패턴은 무엇인가? 필요하다면 다른 종이에 적어도 좋다.

과거에 의미 있는 타자와의 관계에서 경험한 태도, 환상, 사랑, 증오, 분노 등의 감정들이 현재의 인간관계나 상황에서 반복되는 경우에 사용되는 방어기제를 투사라고 말한다. 특히 프로이트는 치료사와 내담자 간에 발생하는 투사를 전이, 역전이라고 명명했다.

1. 분명한 이유 없이 어떤 사람이나 상황에 대해 부정적이거나 긍정적인 감정을 갖고 지나치게 민감하게 반응한 사건들을 생각해 적어보라. 이러한 사건들의 공통점은 무엇인가? 그들에게 가졌던 감정은 적절했는가? 그들은 나의 반응에 대해 어떻게 느끼는 것처럼 보였는가?

....

....

....

2. 지위나 연령 등이 나보다 윗사람이라고 여겨지는 권위자들에 대해 느끼는 감정을 적어보라. 이 감정을 아버지 혹은 어머니에게 느끼는 감정과 비교해보고, 공통점이 있는지 살펴보라.

....

....

....

심리성적 발달 단계

아래의 작업은 프로이트가 주장하는 심리성적 발달 단계의 개념과 태도, 느낌 등을 경험하기 위한 것이다. 프로이트는 심리성적 발달 단계 중에서도 특히 남근기까지의 경험을 가장 중요하게 여겼으므로 여기에서도 남근기까지의 작업만을 해보도록 한다.

1. 구강기

젖병에 우유나 물을 넣어 혼자 또는 다른 이들과 함께 젖병에 든 것을 마시고 자신의 반응을 살펴보라. 그런 행동이 어떤 기억을 떠오르게 하는가? 어떤 느낌을 주는가? 계속 마신다면 어떤 자세가 가장 편안한가? 이 실험에서는 자유롭게 행동해보자. 다른 이들과 자신의 행동을 비교해보자. 남성들만 혹은 여성들만 공통으로 갖는 경험이 있는가?

....

....

....

2. 항문기

공중화장실에서 자신의 행동에 주목해보자. 화장실에 들어갔을 때 당신은 다른 사람과 눈을 마주치지 않고 혼자 있고자 하는가, 아니면 다른 이들을 쳐다보는가? 당신이 사람들 앞에서 소변보는 것을 상상할 수 있는가? 공원이나 고속도로 혹은 숲속에서는 어떤 태도를 취하는가?
많은 사람들은 화장실에서의 행동이 조건화되어 있다. 어떤 이들은 화장실에서 꼭 책을 읽어야만 한다. 이 행동의 목적은 무엇일까? 다른 사람들을 관찰한 점을 서로 나누어보자. 이 연습문제에 관해 이야기하는 것에 대해 느끼는 저항을 의식할 수 있는가?

---

3. 남근기

성기에 대한 어린 시절의 기억이 있는가? 부모님이 성기에 대해 무엇이라고 말씀
하셨는지 기억하는가? 당신이 여성이라면 남자아이의 성기에 대해 생각했던 것
들을 기억할 수 있는가? 남성의 경우라면 성기를 잃는 것에 대한 두려움을 느껴
본 적이 있는가? 만약 어린 시절에 이런 종류의 기억이 없다면 그 이유는 무엇이
라고 생각하는가?

---

4. 초기 성적 경험

초기 성적 경험이 당신의 성에 대한 태도나 신념을 변화시켰는가? 또는 이미 갖고
있던 어떤 신념을 강화했는가? 당신의 첫 성경험에 대해 어떻게 느끼는가? 당신
의 성적인 문제에 대한 현재의 태도가 초기의 신념이나 태도와 관계가 있는가?

프로이트는 인간의 성격을 빙산에 비유해 의식, 전의식, 무의식으로 구분하는 지형학적 정신모형을 제시했는데, 개인이 현재 자각하고 있는 의식, 주의를 집중하면 의식으로 떠올릴 수 있는 전의식, 그리고 정신의 가장 깊은 수준에서 작동되는 것으로 전혀 그 존재를 알 수 없지만 개인의 행동이나 선택에 영향을 주는 무의식의 세 부분으로 나누어 설명했다. 의식이나 전의식과는 달리, 무의식은 본능에 의해 지배되는 본능적 충동으로 한 번도 의식하지 못한 것, 결코 의식할 수 없는 것, 혹은 의식으로부터 차단되어 억압된 것들로서 의식된 것보다 더 큰 영향을 간접적으로 끼치는 것이라고 프로이트는 설명했다. 아래의 작업을 통해 자신에게 끼친 무의식의 영향과 그로 인한 경험을 탐색해보자.

1. 당신이 무의식을 갖고 있음을 보여주는, 개인적 경험에서 이끌어낼 수 있는 어떤 증거가 있는가? 이유 없이 비이성적으로 행동하거나 '내가 아닌' 것처럼 행동한 경우가 있는가? 원치 않는 생각을 하거나 기괴한 생각이 든 적이 있는가?

2. 다른 사람에게 생각이 날 듯 말 듯 하면서 말이 혀끝에서 맴돈 경험이 있는지, 또는 성적이거나 공격적인 요소를 포함한 실수를 한 적이 있는지 물어보고 자신의

경험과 비교해보라.

3. 필기도구를 손에 쥐고 백지 위에 손을 올려보자. 종이에 집중하는 동안 당신의 팔을 이완시켜 움직이는 대로 30분간 진행한다. 글씨가 비슷한 모양이 있는지 찾아보자. 자동 기술이 무엇을 의미한다고 생각하는가?

4. 자유롭게 마음에 떠오른 것을 30분에서 1시간가량 녹음한 후 녹음된 것을 들어보라. 녹음한 것을 들을 때 어떤 생각이나 느낌이 드는가? 정신분석가라면 이 느낌이나 생각에 대해 어떻게 이야기했을 것 같은가?

프로이트는 자아와 방어기제(The ego and the mechanisms of defence, 1936)에서 사람은 본능적 욕구, 힘든 현실, 가혹한 죄책감, 불안, 견디기 힘든 슬픔, 수치심, 질투, 낮은 자존감 등의 감정을 해결하기 위해 무의식적으로 억압을 하는데 이를 방어라고 설명했다. 방어기제란 이러한 책략을 일컫는다. 방어기제는 타고난 기질, 어린 시절의 경험, 규칙, 방어기제의 사용 결과의 보상에 따라 형성된다.

사람은 누구나 방어기제를 어느 정도 사용하면서 살아가지만 사용 횟수와 강도에 따라 적절성의 판단 여부를 가릴 수 있다. 방어기제는 성숙한 방어기제, 미성숙한 방어기제, 신경증적 방어기제, 병리적 혹은 정신병적 방어기제로 구분할 수 있다. 방어기제의 종류는 학자에 따라 또 증상에 따라 그 종류가 다양하지만 여기에서는 흔히 사용되는 방어기제들을 소개하고자 한다.

억압

가장 기본적인 방어기제는 억압repression이다. 프로이트는 처음에는 억압이 외부로부터 가해지는 강간과 같은 트라우마 경험을 의식에서 배제하는 것이라고 이해했다. 그러나 점차 내적 경험이나 외부 환경으로부터 발생하는 불안, 불편한 경험, 이것과 연관된 정서, 지각 혹은 환상이나 바람 등을 의식적 차원에서 제거하는 과정으로 확대 해석하게 되었다. 억압으로 인해 발생하는 여러 증상은 억압된 것이 의식적 차원으로 드러날 때 해결된다.

반면에 억제suppression는 감정이나 생각을 의식적으로 누르는 것인데 특히 부정적인 감정이나 생각을 의식 밖으로 밀어버리는 것으로 억압보다 좀 덜 심각한 것이라고 할 수 있다.

부인

부인denial은 유아의 자기중심적 사고와 연관되어 있는 방어기제이다. 유아가 기분 나쁜 경험을 해결하는 방식은 그런 감정을 발생시킨 상황을 받아들이지 않는 것이다. 유아뿐만 아니라 성인이 되어서도 '모든 것이 잘 될 거야', '나는 알코올중독자가 아니야'라고 하면서 현실을 부인하는 것과 연관되어 있다.

사랑하는 사람의 갑작스러운 죽음에 대한 첫 반응은 '사실이 아닐 거야'라며 부인하는 것인데 이런 부인은 정상적이지만 만일 죽은 사람이 지속적으로 살아있다고 믿는다면 병리적이다. 조울증의 조증, 우울증에도 부인의 방어기제가 포함되어 있다. 대부분의 방어기제에는 부인의 방어기제가 섞여 있다.

철회

유아는 지나친 자극을 받거나 고통스러우면 잠에 빠진다. 잠에 빠진다는 것은 한 의식 수준에서 다른 차원의 의식 수준으로 옮겨가는 것이다. 성인이 되어서는 대인관계나 사회로부터 받는 스트레스를 피하기 위해 자기만의 내적 환상세계에 빠지는 것이 철회withdrawal이다. 이 방어기제는 문제를 회피하게 만들기 때문에 문제해결능력을 감소시킨다. 이렇게 철회를 하면 현실을 왜곡할 필요가 없기 때문에 세상을 왜곡하지는 않지만 세상으로부터 철수하고 도망가는 것이다.

전능통제

유아는 자기와 세상을 하나로 느낀다. 양육자가 자기의 욕구를 충분히 충족시켜줄 때 유아는 세상을 자기가 완전히 통제한다고 느낀다. 이를 전능통제omnipotent control라 하는데, 이런 유아적 통제감에서 벗어나지 못한 사람은 자기중심적이어서 세상을 자기 마음대로 통제하려 한다. 또 비윤리적 행동을 하면서도 자신의 잘못을 자각하지 못하거나, 자기의 즐거움을 충족시키기 위해 교묘하게 다른 사람들 위에 군림하려 한다.

이상화와 평가절하

유아기에 전능통제 욕구가 채워지지 못하면 환상 속에서 채우려 한다. 유아는 세상으로부터 느끼는 죽음, 두려움, 공포로부터 나를 구해줄 부모가 절대적으로 필요하다. 그러나 부모가 그 욕구를 채워주지 못했다면 성인이 되어서도 그런 욕구를 채워줄 사람을 찾게 된다. 자기의 부족함을 이상화idealization한 대상과 하나가 되면서 해결하려 한다.

연예인, 종교지도자, 정치적 지도자를 열렬히 쫓아다니는 것도 이상화의 한 단면이다. 그러나 이렇게 이상화한 대상이 자기의 기대와 조금이라도 차이가 나면 평가절하devaluation를 하게 된다. 이상화와 평가절하는 동전의 앞뒤와 같다.

투사, 내사, 투사동일시

유아는 자신과 세상을 분리하지 못하기 때문에 자신의 경험이 외부로부터 왔다고 믿는다. 거꾸로 내 경험이 곧 세상이라고 믿게 된다. 점차 유아는 나와 세상은 다를 수 있다고 깨닫게 되면서 나와 외부를 분리하게 된다. 그러나 분리과정을 제대로 거치지 못한 사람은 나와 외부와의 경계선이 불분명해진다.

나의 부정적인 것을 받아들이기 힘들면 상대방 것이라고 믿는다. 나의 부정적인 것을 상대방에게 던져버리면 나는 온전해지기 때문에 내적 안정감을 획득하게 된다. 이것을 투사projection라고 한다. 반대로 내사introjection는 외부의 것, 특히 중요한 타인들의 어떤 속성을 나의 것이라고 믿는다. 투사동일시는 상대방에게 나의 부정적인 것을 투사하고, 마치 그 속성이 상대방의 속성이라고 믿고 상호작용하는 것을 말한다. 많은 경우에 투사동일시projective identification된 대상이 투사된 내용에 반응하다 보면 점차 상대방이 투사한 특징을 지닌 사람처럼 되어버린다.

퇴행

발달과정은 항상 일직선으로 진행하지 않고, 다음 단계에는 전 단계의 흔적이 남아 있다. 그래서 현재 발달 단계에서 감당하기 힘든 스트레스가 발생하면 전 단계로 되돌아가서 심리적 안정감을 획득하려 한다. 유아가 동생이 생기면 갑자기 어린 동생과 같이 대소변을 못 가리거나 젖병을 빠는 행동을 하는데 이를 퇴행regression이라고 할 수 있다. 성인이 되어서도 갑자기 미성숙한 행동을 무의식적 차원에서 행하면 퇴행 방어기제를 사용한 것이다.

주지화

주지화intellectualization는 갈등 상황을 해결하기 위한 방법으로 경험에서 감정을 제외하고 논리적으로 상황에 대응하는 것을 칭한다. 감정에 대해서 논리적으로 말은 하지만 실제 감정은 차단되어 있다. 주지화를 사용하는 사람들은 감정에 반응하지 않는 자신을 성숙하다고 생각한다. 그러나 이들은 어떤 자극에는 폭발적인 감정적 반응을 한다. 이들은 지적 능력을 자랑하고, 말을 할 때에도 이론을 거론하거나 특정 인물을 거론하면서 상대방에게 자신의 주장이 옳다는 것을 끊임없이 확인시키려 한다.

합리화

합리화rationalization는 많은 사람들이 일상생활에서 흔히 사용하는 방어기제이다. 특히 자기가 원하는 것을 취하지 못했을 때, 아니면 상황이 내가 원하는 방향으로 되지 않았을 때, 혹은 나쁜 일이 발생했을 때 그 상황을 받아들일 수 있도록 나름대로 해석하는 것이다. 예로, 술 남용자가 자신의 술 남용에 대해서 반주는 건강에 이롭고 자신의 아버지도 술을 많이 드셨지만 장수하셨다고 둘러댄다. 이 방어기제는 머리가 좋을수록, 많이 배운 사람일수록, 창조적일수록 더 잘 사용한다.

전치

처음의 대상에게 몰려 있던 에너지, 정서, 심취, 행동 등을 다른 대상으로 옮기는 것을 전치displacement라고 한다. 폭력적인 아버지가 두려운 나머지 아버지와 관련된 모든 것을 두려워하는 경우를 예로 들 수 있다. 그래서 아버지 방에 들어가는 것을 극도로 거부할 수 있다. 어떤 사람은 분노와 공격성이 칼에 대한 두려움으로 바뀌는 경우를 볼 수 있다. 이 또한 무의식적 차원에서 이루어진다.

반면에 대치substitution는 시어머니에게 야단을 맞은 며느리가 자녀들한테 소리를 지르고, 자녀들은 마당의 개를 걷어차는 것이라든가, 외도한 남편보다 남편의 연인에게 분풀이를 한다던가, 부모에게 야단맞은 아들이 여동생에게 화를 내듯이 나보다 약한 대상에게 자신의 감정을 푸는 것 등이다.

취소

취소undoing는 잘못되었다고 지각되는 것을 무효화하기 위해 반대되는 행동을 하는 것이다. 즉 죄책감이나 수치심 같은 정서를 마법처럼 지우려고 하는 행동이다. 남편이 다른 여자를 만난 다음에 아내에게 보석을 사오곤 한다. 빌라도가 예수를 처단하라고 한 다음에 손을 씻었듯이, 죄책감을 느낄 때 고해성사, 기도 혹은 종교단체 등에 기부금을 내는 행동을 통해서 죄책감에서 벗어나 정서적 안정감을 취득하는 것도 이에 속한다고 할 수 있다. 그러나 이런 행동 역시 무의식적이어야 방어기제라고 할 수 있다.

분리

유아가 다양한 것으로 가득 찬 혼란스러운 경험을 체계화하는 데 필요한 것이 분리splitting of the ego를 통한 체계화이다. 그러나 이러한 분리가 극단적인 경우에는 문제가 된다. 부모를 온전히 좋은 사람이라고 믿거나 또는 온전히 나쁜 사람이라고 보거나, 자기 자신도 온전히 나쁘거나 좋다고 느끼게 되면 수용도와 융통성이 떨어져 인간관계를 정상적으로 맺기 힘들다. 이런 과정이 지나치면 극우, 극좌 혹은 극단적인 테러리스트 등으로 발전할 수 있다.

반동 형성

반동 형성reaction formation이란 부정적인 감정이나 생각이 위협적으로 느껴질 때 좀 덜 위협적인 것으로 대체하는 것을 말한다. 즉 받아들일 수 없는 충동은 억압하고, 충동과 반대되는 행동을 의식적인 차원에서 행한다. 아이가 서너 살 되어서 동생이 생기게 되면 퇴행을 하거나 공격적이 되기도 하지만, 분노나 질투의 감정을 동생을 돌보고 사랑하는 반대되는 행동으로 바꾸기도 한다. 자신의 성적 충동을 억압하는 여성이 성윤리위원회에 가담해 성에 관한 엄격한 법을 제정하고자 하는 것과 같다.

반전

반전reversal은 내가 원하는 것을 다른 대상에게 해주면서 만족을 느끼는 것이다. 내가 사랑을 받고 싶고, 의존하고 싶은 열망을 누군가를 사랑하고 돌보는 것으로 채운다. 누군가의 돌봄을 받고 싶은 수동적 입장에서 누군가를 돌보는 능동적 입장을 취하게 되거나, 또는 내가 당한 것을 상대방에게 되돌려주기도 한다. 대학교 입학 시에 선배들에게 당한 것을 선배가 되어 후배들에게 더 혹독하게 가하는 경우를 예로 들 수 있다.

해리

해리dissociation는 트라우마 상황에 대한 정상적인 반응이다. 생명을 위협하는 혹은 감당하기 힘든 재난 상황에 처했을 때, 또는 견디기 힘든 학대를 당했을 때와 같이 고통이 너무 극심해서 고통이 마치 나에게 일어나지 않는 것처럼 분리하는 방어기제이다. 이때 고통을 완전히 분리하기 때문에 전혀 고통의 존재를 자각하지 못한다. 해리가 심각한 경우에는 다중인격장애(해리 정체성 장애)로 발전할 수 있다.

소외

소외isolation는 자신의 행동, 생각이나 감정 등을 마치 나의 것이 아닌 것처럼 지각과 정서를 분리시키는 것이다. 화가 몹시 났음에도 불구하고 오히려 지나치게 차분한 목소리로 나는 화가 안 났다고 주장하거나 자신의 약물중독에 대해 "어쩌면 제가 마음 상태를 바꿀 수 있는 물질을 사용하는 경향이 있는가 보죠."라고 매우 객관적인 것처럼 나와 분리해서 말하는 경우에서 발견할 수 있다.

신체화

유·아동기에 애착관계가 제대로 형성되지 못했거나 트라우마를 경험했을 때 더 자주 이런 신체화somatization 증상이 나타난다. 이런 현상은 성장해서도 심리적으로 고통이 있을 때 신체적 반응을 한다. 사람의 심리, 신체, 뇌는 서로 매우 긴밀하게 연결되어 있다. 예를 들면 수치심을 느끼는 순간 얼굴이 붉어지고, 불안을 느끼는 순간 목소리가 떨리고, 소화가 안 되어 체한 것처럼 느낀다. 이 방어기제를 많이 사용하는 사람은 조그만 심리적 고통을 느껴도 곧 신체적 반응으로 나타나는데 심리적 고통이 해결되지 않으면 신체적 병이 잘 낫지 않는다.

행동화

두려움, 받아들이기 힘든 감정, 막연한 부정적 감정 등을 느낄 때 감정을 적절하게 표현하지 못하고 무의식적인 충동 행동으로 드러날 때 행동화acting out라고 한다. 예를 들어 한 남자가 사춘기 시기의 스트레스를 자기 방과 붙어 있는 여인숙 창문을 통해 남녀의 정사를 훔쳐보면서 해소했다면 성인이 되어서도 스트레스가 높아지면 화장실 칸막이 밑의 뚫린 공간에 거울을 넣어 훔쳐보는 행동으로 스트레스를 해결한다.

성적화

사람의 성적 행동은 종種을 보전하기 위한 기본적인 행동이다. 그러나 성적 행동이나 성적 환상이 불안, 수치심, 내적 공허감을 해결하기 위해서나 혹은 자존감 회복을 위해 무의식적으로 사용되기도 한다. 또는 공포를 느낄 때 성적 흥분을 통해서 감정을 고양시키려 하기도 한다. 간혹 어린아이들이 불안을 느끼거나, 감당하기 힘든 경험을 했을 때에 자위하는 것을 볼 수 있다.

이 방어기제를 사용하는 경우, 성적 만족감을 느끼기 위해서는 고통이 전제되어야 한다. 강간은 폭력을 성적인 것과 연관시킨 것이다. 성과 관련된 부적절한 행동들은 성적 의존성과 공격성을 성적화sexualization, instinctualization하는 것이다. 인간관계를 통해 성적 친밀감을 만족시키기보다 인터넷상으로 성적 만족감을 취하려 하는 사람들도 내면의 문제를 인간관계를 배제한 채 해결하려는 무의식적 행동일 가능성이 높다.

승화

사람들은 동물적 측면의 본능을 사회적으로 수용될 수 있는 성숙한 형태로 표현한다. 자신의 욕망을 창조적 예술행위로, 또는 변호사, 경찰, 소방관, 사회운동가로 활동하면서 긍정적인 방향으로 표현한다. 또한 자신의 심리적 고통을 유머로 표현하거나 타인을 위해 희생하는 이타주의altruism도 승화sublimation와 함께 성숙한 방어기제라고 할 수 있다.

1. 심리적으로 고통스러웠던 사건을 기억해보라. 아마도 그것은 친한 친구의 죽음을 맞닥뜨렸을 때이거나 매우 굴욕적이었던 때, 또는 매를 맞았거나 벌을 받았던 때일 수도 있을 것이다.

2. 고통스러웠던 사건을 떠올리기 싫어하고 심지어는 생각해내는 것조차 저항하는가? 혹시 당신은 "나는 하고 싶지 않아. 이 문제는 건너뛰어도 되고 이미 다 알고 있는 거야. 왜 다시 그런 것들을 생각해내야 하지?"라고 말하고 있지는 않은가?

할 수 있다면 처음에 생긴 방어를 극복하고 그 사건을 기억해보라.

----

3. 기억해내는 것이 힘들다면 그 대신 당신이 딴생각을 하는 방식에 주의를 기울여
보라. 당신이 어떻게 심리적 긴장을 피하고 있는지를 볼 수 있는가?

----

4. 사람들은 때로 어떤 사람의 이름이나 약속, 또는 경험한 어떤 부분을 떠올리는 것
이 너무나 큰 불안을 일으키기 때문에 잊어버리기도 한다. 당신은 사람들이 어떤
의도를 갖고 사건이나 기억을 잊어버린다는 것을 믿는가? 당신 역시 함께 지내
기에 괴로웠거나 불안했거나 또는 당혹스러웠던 사람의 이름을 잊은 적이 있었던
가? 당신은 약속을 잘 지키는 사람인데 어떤 약속에 별 이유 없이 늦은 적이 있
었는가? 지금 생각하면 뭔가를 회피하거나 멀리하고 싶은 방어적인 충동이 아니
었는가?

----

5. 당신의 자아가 위협받을 때 당신이 주로 사용하는 방어기제(합리화, 투사, 공상,
대치, 승화 등)는 무엇인가? 이 방어기제들이 불안을 감소시키는 데 효과가 있었
는가? 실제로 방어기제를 사용했던 예를 몇 가지 들어보라.

----

6. 프로이트는 농담이 무의식적인 성적, 공격적 소망에서 비롯된다고 분석한 바 있
   다. 예전에 들은 적이 있거나 읽었던 농담이나 유머러스한 이야기를 생각해보라.
   그중 몇 개가 성적 또는 공격적 농담의 범주에 들어가는가? 프로이트는 유머러스
   한 이야기나 일화가 급소를 찌름으로써 긴장을 해소한다고 말했다. 유머가 그토
   록 재미있는 것은 부조화를 묘사하기 때문이라고 다른 학자들은 지적했다. 예를
   들어 어떤 사람이 목욕 가운을 입고 물에 빠지는 것은 부조화라고 할 만한 것이
   없기에 재미가 없지만 연미복을 입고 물에 빠진다면 부조화가 유발되기에 재미가
   있다는 것이다.

   이 주장에 대해 논의해보고 비슷한 예를 찾아보라.

참고자료 ● ● ● ● ● ● ● ● ● ● ● ● ● ● ●

Freud의 저서

1891 *On Aphasia*

1895 *Studies on Hysteria* (co-authored with Josef Breuer)

1900 *The Interpretation of Dreams*

1901 *On Dreams* (abridged version of The Interpretation of Dreams)

1904 *The Psychopathology of Everyday Life*

1905 *Jokes and Their Relation to the Unconscious*

1905 *Three Essays on the Theory of Sexuality*

1907 *Delusion and Dream in Jensen's Gradiva*

1910 *Five Lectures on Psycho-Analysis*

1910 *Leonardo da Vinci, A Memory of His Childhood*

1913 *Totem and Taboo: Resemblances between the Psychic Lives of Savages and Neurotics*

1915-17 *Introductory Lectures on Psycho-Analysis*

1920 *Beyond the Pleasure Principle*

1921 *Group Psychology and the Analysis of the Ego*

1923 *The Ego and the Id*

1926 *Inhibitions, Symptoms and Anxiety*

1926 *The Question of Lay Analysis*

1927 *The Future of an Illusion*

1930 *Civilization and Its Discontents*

1933 *New Introductory Lectures on Psycho-Analysis*

1939 *Moses and Monotheism*

1949 *An Outline of Psycho-Analysis*

Freud의 사례

1905 Fragment of an Analysis of a Case of Hysteria (the Dora case history)

1909 Analysis of a Phobia in a Five-Year-Old Boy (the Little Hans case history)

1909 Notes upon a Case of Obsessional Neurosis (the Rat Man case history)

1911 Psycho-Analytic Notes on an Autobiographical Account of a Case of Paranoia (the Schreber case)

1918 From the History of an Infantile Neurosis (the Wolfman case history)

1920 The Psychogenesis of a Case of Homosexuality in a Woman[218]

1923 A Seventeenth-Century Demonological Neurosis (the Haizmann case)

Freud의 성에 관한 논문

1906 My Views on the Part Played by Sexuality in the Aetiology of the Neuroses

1908 "Civilized" Sexual Morality and Modern Nervous Illness

1910 A Special Type of Choice of Object made by Men

1912 Types of Onset of Neurosis

1912 The Most Prevalent Form of Degradation in Erotic Life

1913 The Disposition to Obsessional Neurosis

1915 A Case of Paranoia Running Counter to the Psycho-Analytic Theory of the Disease

1919 A Child is Being Beaten: A Contribution to the Origin of Sexual Perversions

1922 Medusa's Head

1922 Some Neurotic Mechanisms in Jealousy, Paranoia and Homosexuality

1923 Infantile Genital Organisation

1924 The Dissolution of the Oedipus Complex

1925 Some Psychical Consequences of the Anatomical Distinction between the Sexes

1927 Fetishism

1931 Female Sexuality

1938 The Splitting of the Ego in the Process of Defence

Freud에 관한 저서

Ellenberger, H. F. *The Discovery Of The Unconscious: The History And Evolution Of Dynamic Psychiatry.* N. Y.: Basic Books. 1970.

Engleman, E. Berggasse. *Sigmund Freud's Home And Offices, Vienna. 1938.* Chicago:

University Of Chicago Press. 1981.

Gay, P. *Freud: A Life For Our Time.* N. Y.: Norton. 1988.

Hall, C. S. *A Primer Of Freudian Psychology.* N. Y.: New American Library(Mentor Books). 1954.

Jones, E. *The Life And Work Of Sigmund Freud.* N. Y.: Doubleday. 1963.

Roazen, P. *Freud And His Followers.* N. Y.: Knopf. 1975.

Roiphe, K. *The Violet Hours.* Dial Press. Random House. 2016.

McWilliam, N. *Psychoanalytic Diagnosis(2nd ed.,).* N.Y.: Guilford. 2011.

융

Carl Gustav Jung

융은 1875년 스위스에서 태어났다. 융의 친척들 그리고 아버지는 성직자였기 때문에 어린 시절부터 영성과 신앙에 대해 깊은 관심을 가지게 되었다. 어머니는 독실한 기독교 신학자 집안에서 태어났지만 심령현상에 심취했다. 이런 환경에서 자란 융은 청교도적 신학 전통 속에서 고전문학, 라틴 문학도 섭렵했으며 나중에는 동양 철학에도 심취했다. 이러한 가족환경의 배경으로 융은 당시 실증주의적 사상이 풍미하던 시대적 배경 속에서도 비이성적이고, 신비하고, 드러나지 않는 집단무의식에 더 많은 관심을 가졌다.

그는 자서전 기억, 꿈, 회상(Memories, Dreams, Reflections, 1961)에서 그의 삶과 치료 방법론에 큰 영향을 끼친 두 개의 초기 경험을 기록하고 있다. 3~4세 즈음 엄청난 두려움을 느끼게 하는 거대한 남근상이 있는 지하궁의 꿈을 꾸었는데, 이 꿈에서 본 신상의 이미지는 예수나 교회 같은 종교적 이미지보다 훨씬 강력하고 실제적인 느낌으로 다가왔다. 또 다른 경험은 12세 때 학교 수업을 끝내고 나오다가 청명하고 강렬한 햇볕이 내리쬐는 하늘을 쳐다보는 순간에 갑자기 멀리 있는 성당 꼭대기에서 신이 권좌에 앉아 세상을 내려다보고 있는 것을 발견하게 되었다. 그 순간 쓰레기가 쏟아져 내리면서 성당의 벽을 부숴버리는 환상을 보게 되었다. 1887년 당시 유럽에서 교회의 권위를 부숴버리는 환상이란 매우 두려운 경험이다. 그러나 그 순간 융은 신의 저주를 느끼기보다 은총을 경험하게 되었다. 이러한 환상을 통해 융은 교회의 가르침이나 권위보다 개인의 종교적 체험의 중요함을 깨닫게 되었다. 한편으로, 그 당시의 사회적 전통과는 다른 두렵고 특이한 경험은 융으로 하여금 더욱더 사회로부터 소외감과 외로움을 느끼게 했다.

융은 의대에 입학한 후에 정신의학을 전공분야로 선택했고 밀교의 종교적 심리와 정신병리 현상에 대해 논문을 썼다. 1904년에는 정신병 환자를 치료하기 위해서 정신분석의 유효성을 인식하고 단어를 통한 연상 실험을 개발했다. 단어 연상 기법은 투사적 검사의 일종으로 특정 자극단어에 대해 떠오르는 것을 표현하게 해 이 반응을 근거로 진단하는 심리진단 도구이다. 이후 융은 프로이트와의 만남을 통해 서로의 연구에 공감하며 친분을 나누게 되었고 자신의 연구업적들에 의해 프로이트의 신뢰와 인정을 받게 되었지만, 프로이트의 리비도 개념을 성(性) 에너지라기보다는 일반적인 에너지라고 함으로써 프로이트와 의견이 대립되었다. 프로이트 역시 융의 신화, 영성, 밀교에 관한 관심을 불편하게 여겼다. 프로이트와 달리 융은 환자들의 꿈의 상징을 분석하는 방식을 종교적 상징, 신화, 민속이야기, 예술 등에도 적용하면서 그의 이론을 확장했다. 특히 융은 고대 서구 사회의 연금술, 1~3세기에 성행하던 이단적인 크리스트교인 그노시즘에 몰두했으며, 중국에서 오래 거주한 독일 학자인 빌헬름Richard Wilhelm으로부터 연금술(The Secret of the Golden Flower, 1962)에 관한 책을 전달받고 이 책에서 말하고 있는 영적 성장, 심리내적 발달과정, 개성화 통합과정이 자신이 치료하고 있는 환자들의 경험과 비슷하다는 것을 발견하게 되었다. 동양에서 명상할 때 혹은 완성을 의미할 때 흔히 사용되는 상징인 원圓을 만다라mandala라는 이름으로 칭하는데 이 상징을 전혀 모르는 환자들의 개성화과정에서도 많이 나타났기 때문에 융의 관심을 끌었다. 원의 가운데가 자기self이고, 원은 전체와 조화를 상징하고, 원의 완성은 심리과정의 발달과정으로 개성화과정을 드러낸다. 그러나 융은 동양과 서양의 개성화과정에 차이점이 있다고 보았다. 동양에서는 내면의 성장을 자연스럽게 여기는 반면에 서양에서는 기법을 사용하면서 기술적으로 발달시켜야 하는 과정으로 여긴다고 평했다.

1944년, 69세 때 심근경색으로 병원에 입원했을 당시에 융은 매일 밤 천상에서 세상을 내려다보는 환상을 한 시간씩 경험한 다음에 다시 잠에 빠져드는 임사체험을 자주 하게 되었다. 이후에 그는 다시 활발한 연구에 돌입했으며, 엄청난 양의 중요한 학문적 업적을 남겼다.

특히 융의 부모와의 관계는 그의 이론 성립에 많은 영향을 끼쳤다. 그는 따뜻한 어머니를 좋아하면서도 심령현상에 관심을 가진 어머니에게 두려움을 느꼈기 때문에 어머니를 양가적으로 경험했다. 어머니와의 이런 경험은 남성 안의 여성성의 원형인 아니마anima, 그리고 여성 안의 남성성의 원형인 아니무스animus의 개념을 설명하는 데 영향을 미쳤다. 또 어머니와 비슷한 여성과 결혼을 했음에도 불구하고 어머니와 반대되는 여성들에 자주 이끌렸고 그들의 도움을 많이 받았다. 아버지와의 관계는 그리 편안하지 않았기 때문에 남성들에 대해 부정적이었으며 특히 권위자인 남성과의 관계는 불편했다. 권위자인 프로이트와의 학문적 견해 차이, 그리고 프로이트와 처제의 부적절한 관계를 계기로 프로이트와 결별한 후 오랜 기간 내적 혼란으로 고통을 받았던 것은 어쩌면 권위적이었던 아버지와의 관계회복을 못한 채 프로이트와 심리적으로 분리하려 했던 것에서 온 혼란은 아닐까?(처제와의 부적절한 관계에 대해서는 다른 의견들도 있다.)

융의 이론이 뚜렷한 체계나 개념을 잡기 힘들고 난해하기도 했지만, 융 자신이 매우 내향적인 사람이었기 때문에 자신의 이론을 적극적으로 알리려 하지 않아서 초기에는 그의 이론이 심리학계에 그리 큰 영향을 끼치지 못했다. 그러나 그의 이론은 집단무의식collective unconscious, 원형archetype, 개성화과정individuation process, 영성 등을 포함한 인간의 심리적 영역을 광범위하게 다루고 있기 때문에 심층심리학이라는 이름으로 각광을 받았다. 융의 천재성을 발견한 프로이트가 자신의 후계자로 지목하려 했으나 융은 프로이트 이론에 대해 만족하지 않고 자신만의 이론을 정립하는 데 힘을 썼다.

융은 프로이트가 성적 차원에서 설명하는 리비도 개념을 좀 더 일반화된 역동으로 재정의했으며, 인간의 심리는 과거뿐만 아니라 미래의 영향도 함께 받으면서 형성된다고 주장했다. 또한 프로이트의 내적 갈등으로부터 형성된 무의식의 개념보다 더 깊은 차원의 집단무의식 개념을 소개했다. 융은 리비도를 넓게는 전반적으로 퍼져 있는 삶의 에너지로, 좁게는 정신을 움직이게 하는 에너지로 이해했으며, 아이디어나 느낌 등에 투자되는 에너지를 가치라고 했다.

융에 의하면 정신 에너지의 원리는 대극의 원리, 즉 모든 정신의 측면은 서로 대극을 이루고 있으며 이로 인해 정신 에너지가 발생한다. 평형상태의 원리란 마치 음양론같이 에너지는 사용되어 사라지는 것이 아니라 단지 한 상태에서 다른 상태로 옮겨가는 것이다. 즉 성격 내의 대극이란 서로 반대되는 것끼리 보완하면서 통합되어 하나를 이루고자 하는 경향성을 가지고 있으며, 이런 과정에서 보상이 일어난다. 이는 성격의 한 부분이 다른 부분의 약점을 극복하도록 행동하게 하는 것과 같다. 융은 인간이 실현해야 하는 청사진이 자기self라고 보았다. 자기는 인간 성격의 조화와 통합을 위해 노력하는 원형으로 대극과 조화를 통해 전체성을 이룬다.

융은 외부적으로는 원인과 결과의 인과론적인 관계가 없어 보이는 사건들이 동시에 발생하지만 그 사건들은 단순한 우연의 일치가 아니라 이면에 보이지 않는 연관성이 있다는 동시성synchronicity 이론도 제시했다. 융은 동시성이 나타나는 이유로 인간은 물론 모든 생물과 무생물이 집단적으로 연결되어 있어 외계의 사건들과 순간 상호작용하기 때문이라고 설명했다. 이는 인간 정신 내의 주관적 경험과 외부 현실에서 같은 시간에 다른 장소에서 일어나는 객관적 사건 간에 의미 있는 관계가 있음을 주장하는 것이다. 동시성은 개인을 전체와 연결시켜주는 역할을 하고 있으며 따라서 개인의 삶에서 동시성을 인식하는 것은 중요한 의미가 있다.

융은 사람들의 성격 유형에 대한 이론도 제시했다. 먼저 삶에 대한 태도attitude로서 내향introversion과 외향extroversion으로 구분 짓는다. 아무도 온전히 외향 혹은 내향일 수 없고, 주어진 상황에 유연하게 대처할 수 있어야 역동적 균형을 이룰 수 있다. 내향적인 사람은 세상이 자신에게 어떤 영향을 끼치는지를 보고, 외향적인 사람은 자신이 세상에 끼치는 영향에 더 관심이 있다. 태도 유형은 후천적 경향이기보다는 생래적인 경향이다. 심리적 기능에는 사고thinking, 감정feeling, 감각sensation, 직관intuition이 있다. 경험에 대해 판단하고 평가하며 또 경험을 조직하고 분류하는 데는 사고와 감정이 관여하는데 사고는 객관적이고 논리적이고 일관성이 있는 것과 관련된 영역이고, 감정은 논리나 효율성보다는 경험의 정서적 측면에 중점을 두어 동의할 만한지 아닌지를 결정하는 영역이다. 감각과 직관은 정보수집과 관련된 것으로 감각은 직접적 경험, 자세한 지각, 확고한 사실에 근거해 정보를 수집하고, 직관은 과거 경험, 미래의 목표, 무의식적 과정에 의거해 정보를 수집한다. 이러한 요소들이 조화를 이루고 기능을 하면 효율적으로 기능하는 사람이 된다. 융의 유형론을 토대로 마이어-브릭스Myer-Briggs가 생활이행 양식인 인식과 판단을 부가해 마이어-브릭스 유형지표인 MBTI를 개발했다. 융의 이론은 대부분 삶의 역사를 재구성하는 사례연구에 기초한 것으로 객관적이거나 체계적이기보다 주관적이기 때문에 증명할 수 있거나 반복될 수 없다는 비판을 받고 있다. 단지 성격 유형론의 결과가 그의 이론의 일부가 객관적이라는 사실을 증명해주고 있다.

융의 인간 본성에 대한 이미지는 프로이트에 비해서 대체적으로 낙관적이고 덜 결정론적이다. 인간의 성격이 유아기의 경험과 원형에 의해 부분적으로 결정될 수 있다는 점에서는 프로이트와 견해를 같이 하지만, 근본적으로 결정론적 입장은 아니며 인간의 자유의지와 자발성을 인정하고 있다. 또한 성격의 일부, 자기실현을 향한 충동이나 경향성은 본래적으로 타고난 것이지만, 경험과 학습에 의해서 촉진될 수도 방해될 수도 있다고 보았다. 융은 각 개인은 개별적인 독특한 존재이며 단 하나의 동일체적 존재가 되어 가는 개성화를 이루는 것이 인간의 궁극적 목표라고 했다. 융도 프로이트와 같이 어린 시절의 경험의 중요성을 강조했지만 그 경험이 인간의 성격 형성을 전체적으로 좌우하지는 않으며, 특히 중년기의 경험과 개인이 가지는 미래에 대한 희망, 기대가 성격 형성에 매우 중요한 역할을 한다고 보았다. 융은 자신이 중년기에 신경증으로 인한 심한 우울증을 극복한 경험을 바탕으로 자신의 성격 이론을 형성했다. 융의 이론에서는 자아를 형성하는 인생 전반부에서는 각자의 독특성을 드러내지만, 중년기에는 개성화 과정으로 들어서면서 성격의 어느 한 측면이 계속해서 지배하지 않는 보편적 성격을 발달시킨다고 설명하고 있다.

융은 상징, 신화, 의례들을 많이 탐구했으며 콤플렉스complex를 찾아내기 위해 환자가 자신의 증상에 대해 자유연상하는 내용의 상징을 분석해 진단한다. 융에게 있어서 꿈은 사람들로 하여금 미래를 준비시키려는 목적이 있다. 프로이트가 말한 대로 보상의 개념도 있지만, 꿈은 심리 구조의 개발되지 않은 부분을 보상해 대극 사이에 조화를 이루게 하려는 상징으로 드러난다. 그렇기 때문에 융에게 꿈 분석은 성장 지향적인 중요한 치료 기법이다.

융의 개인무의식은 본질적으로 의식 속에 더 이상 남아 있지는 않지만 쉽게 의식으로 떠올릴 수 있는 자료, 혹은 억압된 기억·환상·소망·욕구들의 저장소이다. 콤플렉스는 개인무의식의 일부로, 공통적인 테마를 중심으로 정서, 기억, 지각, 바람 등이 뭉쳐서 어떤 패턴을 이루어 행동이나 지각으로 이어지는 감정의 집합을 말한다.

집단무의식은 단세포인 아메바로부터 현재 인류까지의 진화상의 모든 경험이 축적되어 다음 세대로 전달되는 것으로서 인간의 제일 중요한 심리이며 우리에게 엄청난 영향을 끼치고 행동을 지시한다. 이러한 보편적인 진화 경험의 저장소인 집단무의식은 접촉하기 어려운 가장 깊은 수준에 존재하며 개인의 정신적 토대가 된다. 융의 집단무의식에는 심리정신구조, 즉 원형archetype이 있다. 원형은 집단무의식에 포함되어 있는 인간이 가지는 보편적, 집단적, 선험적인 심상들로서 인류 초기의 경험이 표현된 정신적인 이미지들primodal images이다. 가장 강력한 원형은 페르소나persona로 자신이 아닌 다른 어떤 것으로 표현하는 사회적으로 드러내는 얼굴이나 역할을 말한다. 또 다른 원형이라 할 수 있는 아니마는 남성의 여성적 측면, 아니무스는 여성의 남성적 측면으로 인간은 이런 양성적 본성을 모두 표현할 수 없다면 건강한 성격 형성이 이루어질 수 없다. 그림자shadow는 원초적인 동물적 본능으로 번식과 생존에 초점을 둔 것이다. 인류 발생 이전의 동물적인 측면으로 인간의 어둡고 악한 측면을 나타내는 원형이며, 그것은 자아나 자기상self-image과 반대되는 개념으로 자신이 용납하기 어려운 특질과 감정들로 구성되어 있다. 자기는 정신의 중심인 의식과 무의식의 양극성 사이의 평형점이며, 모든 갈등적인 측면들을 통합하고 성격들의 통합이 이루어진 온전하고 유일한 개체를 말한다. 원형은 내용은 없고 단지 구조로 작동한다. 마치 눈snow의 결정이 육각형의 모양을 가지고 있으면서도 하나도 똑같은 것이 없듯이, 각각의 원형이 동일한 구조를 가지고 있지만 포함된 내용은 다른 것과 같다. 원형의 내용에는 인류 초기의 경험, 종교적 모티프, 꿈, 신화 등이 들어 있지만 이것들이 원형 그 자체는 아니다. 단지 육각형의 원형구조를 가지고 있는 것이다. 따라서 사람은 모두 페르소나, 자아, 그림자, 아니마, 아니무스, 자기, 집단무의식, 원형을 가지고 있지만 이들의 내용은 각 개인에 따라 다르다.

융은 여성 심리와 남성 심리는 근본적으로 다르다고 주장했다. 자아 수준에서의 남성성과 여성성은 사회문화적으로 조건 지어진 것이고, 집단무의식의 여성, 남성 이미지는 아니마, 아니무스로 그 이미지의 내용은 어린 시절 이성 부모와의 경험에서부터 형성된 것이다. 따라서 여성의 자아는 자신의 남성 집단무의식인 아니무스와 대화를 해야 한다. 자아 수준의 여성성과 집단무의식 수준의 아니무스는 각각의 존재를 모르고 분리된 채 작동하지만 아니무스를 자각하고 대화를 시작하게 되면서 둘은 점차 자기로 통합된다. 융은 기본적으로 성적 편견을 보이지 않았다고는 하지만 그의 여성성과 남성성의 특징에 대한 묘사는 기존 사회의 남녀에 관한 개념과 비슷하다는 비판을 받고 있다.

융의 이론에서 자아는 성격의 기본 원형의 하나로서 의식의 중심이다. 자아는 의식적 생활에 일관성과 방향성을 제공한다. 의식적 일관성을 위협하는 것들로부터 보호하기 위해 경험을 의식적으로 계획하고 분석해야 한다고 주장한다. 자아는 무의식적 내용은 없고 단지 개인의 경험으로부터 나온 것으로만 구성되어 있다. 만일 자아가 자기 존재의 중심이며 전체라고 믿는다면 무의식을 전면 부인하는 것으로 심리정신 전체의 반을 무시하는 것과 같다.

융은 심리성적 성장과정을 개성화individuation라고 명명했다. 개성화는 온전성과 자유를 향해 나아가는 과정으로 외부로 보여지는 사회적 자기인 페르소나를 벗고, 그림자를 직면하며, 더 나아가 아니마, 아니무스를 직면하고, 자기를 드러내는 과정이다. 개성화과정individuation process은 자기를 온전히 이루는 것으로 이 자기는 성장의 마지막 단계로 그 사람만의 독특성이 완성되고, 자아가 자기가 되는 과정이다. 마치 한 나무가 싹을 내고 잎이 커지면서 큰 나무로 성장하는 것과 같이 개성화과정은 매우 자연스러운 과정이다. 의식과 무의식은 함께 존재하는데 의식이 무의식을 자각하지 못하거나 무의식이 드러나는 것을 막는다면 마치 나무가 병들어 건강한 나무로 자라지 못하는 것과 같이 통합적인 성장을 방해한다고 설명했다.

융이 성격발달에 대해 갖고 있는 관점은 과거를 바탕으로 미래를 조망하면서 나아가는 목적론적 관점이다. 성격의 발달은 절대로 멈추지 않으며, 자아는 어린아이 때 자신과 다른 대상을 분별하기 시작하면서 생겨난다. 이렇게 탄생한 심리적 자아는 기억이 지속되고 자아정체감의 감각과 관련된 지각이 축적되면서 청소년기에 이르러 분명한 모양과 내용을 가지게 된다. 청소년기에는 부모로부터 자아가 분리되는 정신적 탄생이 일어나고 또한 생리적 변화가 함께 일어난다. 청소년기 이후 성인기는 외양적으로 팽창하는 시기이며 성숙의 힘에 이끌려 자아가 발달하고 외부세계에 대처하는 능력이 발달하며 더불어 앞으로의 성격 통합의 준비를 시작한다. 중년기가 되면 비로소 온전한 성격으로 변화성장이 가능하게 된다. 외부세계를 지향하던 에너지가 자신의 내부에 초점을 맞추도록 자극을 받고 자신의 잠재력에 관심을 갖게 된다. 또한 중년기에는 개성화과정이 시작되는데, 성격의 모든 체계에서 개성화가 이루어지면 조화를 이루게 된다. 이때 사람들은 삶의 전반기를 이끌어오던 가치나 행동을 포기하기도 한다. 이는 무의식이 정신의 균형과 조화를 위해 억압된 측면을 인식할 것을 요구하기 때문이다. 노년기에는 인생의 마감을 앞두고 자신에 대해 진지한 성찰과 관심이 시작된다. 죽음 앞에 놓인 생의 본질을 이해하려 애쓰고, 내세의 이미지를 가지고 있을 때 건전한 죽음을 맞을 수 있다.

융의 이론도 가족의 영향에서 벗어나지 못한 것을 볼 수 있다. 친밀한 관계를 형성하지 못했던 목사 아버지의 영향은 제도적인 교회를 정면으로 비판하게 했고, 심령에 심취했던 어머니의 영향은 융으로 하여금 기독교적 관점의 영성을 인간에 내재된 보편적 영성으로 확대시키는 데 영향을 끼쳤다고 볼 수 있다.

페르소나는 라틴어로 마스크, 혹은 거짓 얼굴이라는 뜻으로 배우가 극에서 맡은 역할을 위해 쓰는 가면을 말한다. 즉 페르소나는 외부세계에 내보이는 모습이며, 사회와 관계를 맺을 때의 사회적 자아로서 사회적 역할, 태도, 옷 선택, 개인 스타일 등이 여기에 포함된다. 그러나 지나치게 페르소나와 자아를 동일시하면 진정한 자기로부터 소원하게 되어 자기를 잃을 수 있고, 반면에 페르소나가 지나치게 약하면 외부의 영향으로부터 자아를 제대로 보호할 수 없다.

1. 친구들이 말하는 나의 모습을 적어보라. 내가 원하는 나의 모습을 적고, 둘의 차이를 비교해보라.

2. 당신의 사회적 역할은 무엇인가? 그 역할들이 편안하게 느껴지는가, 아니면 역할이 불편한가? 왜 불편한 것 같은가?

3. 당신이 좋아하는 옷이나 보석 또는 지갑 등 항상 가지고 다니는 물건들의 목록을

작성하고, 그중에서 당신을 가장 잘 나타내는 물건을 골라보라. 평소에 자주 입거나 즐겨 가지고 다니는 것들을 생각해보라. 그것은 당신의 이미지의 한 부분을 나타내는 것이라고 볼 수 있다.

- 일주일간 그 옷이나 물건을 지니고 다니지 않았을 때 당신 자신의 반응을 적어보라.

....

....

....

- 친구에게 그 물건을 빌려줘보라. 친구가 그 물건을 사용하거나 입는 것에 대해 어떤 느낌이 드는가?

....

....

....

아니마 / 아니무스 / 그림자

그림자란 페르소나가 지키고자 하는 사회의 이상이나 규범에 맞지 않는 경향, 욕망, 기억, 경험들이 거부되어 의식으로부터 억압된 것이다. 즉 자신이 용납하기 힘든 특성이나 감정으로 구성된다. 페르소나가 강할수록 자신의 많은 것들을 억압하는 경향이 크므로 그림자의 영역이 커질 수 있다. 이러한 그림자는 위험하고, 잘 인식되지 않으며, 다른 사람에게 무의식중에 투사하려는 경향이 크다.

자신의 성性과 반대되는 성을 대표하는 무의식적 구조로서 남성에게는 아니마, 여성에게는 아니무스가 있다. 인간은 생물학적, 심리적으로 양성의 성질을 가지고 있지만 유전적인 성차와 사회화로 인해 남성은 여성적 측면, 여성은 남성적 측면이 억압되고 약화되어 무의식 속에 존재한다. 여기에는 자신의 성을 표현하는 의식적 수준의 이미지에 맞지 않는 모든 경향과 경험들이 덩어리로 뭉쳐 있다. 자신의 성과 반대되는 무의식적 성은 이성 부모와의 관계경험에 의해 형성되며, 아니마 혹은 아니무스를 이성과 관계를 맺을 때 상대 이성에게 강하게 투사하도록 만든다. 다시 말하면, 여성인 자신은 여성과 반대되는 집단무의식인 남성 아니무스를 가지고 있는데, 이 아니무스의 내용은 아버지와의 경험이 포함되어 있고 남성을 만날 때 아니무스의 영향을 받아 남성에게 투사하게 된다.

1. 나는 나의 성별에 대해 편안하게 느끼는가?

2. 나는 나의 성별이 갖고 있는 보편적 특성과 다르게 내 자신을 표현하려는 특성이 있는가? 한 예로, 내가 여성임에도 불구하고 보편적인 여성의 특성을 거부하고 남성적인 특징으로 나를 드러내려 하는 것은 아닌가?

3. 나는 왜 나의 성별 특성을 거부하는가? 나의 동성 부모에게 불편한 감정을 느낀 적이 있는가? 그 감정은 어떤 감정이었는가? 지금 내가 거부하는 특성과 관련이 있는가?

4. 나는 이성을 만났을 때 편안하게 느끼는가? 불편하다면 어떤 점이 불편한가? 나의 이성 부모에게 불편한 감정을 느낀 적이 있는가? 그 감정은 어떤 감정이었는가? 지금 내가 느끼는 감정과 비슷한 점이 있는가?

융은 사람들의 의식 세계는 외부로부터 많은 영향을 받기 때문에 자신의 성격이나 개체성과 어울리지 않는 방법으로 자기를 형성하는 경향이 있다고 주장한다. 이렇게 되면 심리정신적 평형이 깨지게 된다. 꿈이란 심리정신적 조화를 이루어 자기의 개체성을 유지하기 위한 노력의 일부로서 꿈의 내용은 이러한 목적에 부합하도록 매우 미묘하게 형성된다. 꿈의 내용을 거부하거나 깨닫지 못해 그 메시지를 받아들이지 못하면 깨어진 심리정신적 평형이 복구되지 못하고 유지된다.

꿈을 이해하기 위해서는 꿈을 인식적 차원에서 해석하기보다 마치 살아있는 실체처럼 매우 조심스럽게 경험하고 관찰해야 한다. 꿈의 상징들을 이해하기 위해서는 꿈의 내용과 형식 모두에 중요성을 두어야 한다. 때로는 아주 작은 것이 핵심적인 메시지를 가지고 있기 때문에 더 중요하게 여겨야 한다. 이렇게 꿈이 보여주는 모든 이미지에 초점을 맞추어, 꿈이 말하려고 하는 것이 무엇인지를 스스로에게 지속적으로 물어야 한다. 꿈은 상징으로 나타나고, 상징은 다양한 의미를 지니고 있기 때문에 어떤 한 가지 방법만으로 기계적인 해석을 해서는 안 된다. 꿈을 하나의 사건으로 다루기보다는 지속되는 무의식 과정으로부터 오는 메시지로 이해해야 한다. 그러나 꿈은 나의 것이기 때문에 궁극적으로 꿈은 꿈을 꾼 자신만이 그 의미를 좀 더 정확하게 이해할 수 있다.

다음의 연습문제는 실제의 꿈을 간단히 요약한 것으로서 자극적이고 강한 감정을 느끼게 하는 상징들을 보여주는 사례이다. 이 작업은 다른 사람이 아래 내용을 읽어주는 것이 효과적이다.

우선 긴장을 풀고 눈을 감아보자. 읽어줄 사람에게 천천히 풍부한 표현을 하면서 읽도록 부탁하라.

당신은 지금 동굴에 들어가서 매우 중요하고 값진 무언가를 찾으라는 말을 들었습니다.

이제 동굴로 들어섰습니다. 동굴 안에는 축축한 돌들이 있고 아래 바닥은 젖어 있습니다.

축축한 느낌은 불쾌하지만 무언가를 찾기 위해서는 계속 걸어야만 합니다.

기나긴 통로를 한참 걷다 보석을 하나 발견합니다.

보석은 거의 손바닥 크기만 하고 주위에 환한 빛을 비추고 있습니다. 그 빛은 편안하게 느끼는 힘이 있습니다. 순간적으로 이것이 바로 당신이 찾던 것임을 알아챕니다.

보석 쪽으로 다가섰을 때 길 전체를 가로막은 두터운 거미줄을 발견합니다.

갑자기 두려워 가던 발걸음을 멈춥니다.

당신은 항상 거미를 무서워했었지만 이렇게 크고 무서운 거미는 처음입니다.

당신은 어찌할 바를 모릅니다.

잠시 후 당신은 무릎을 꿇고 엎드립니다.

그리고 아주 천천히 거미줄을 향해 나아갑니다.

바닥 쪽에 엎드려 지나갈 수 있을 만한 작은 틈을 발견합니다.

공포를 느끼지만 아주 천천히 그 틈을 통과하려고 노력합니다.

그리고 천천히 이 틈을 통과합니다.

안도감을 느끼지만 아직은 엎드려 있습니다.

잠시 후 일어서서 보석을 향해 걸어갑니다. 보석을 집어 들자 무게, 크기, 그리고 아름다움에 취합니다. 그리고 순간적으로 온몸이 에너지로 가득 찹니다.

이제 되돌아가기 위해 거미줄 앞으로 돌아옵니다.

큰 보석을 지닌 채로는 거미줄 아래로 지나갈 수 없다는 것을 압니다.

거미줄 가운데는 큰 거미가 다리를 구부리고 앉아 있습니다.

공포가 당신을 훑고 지나갑니다.

거미 앞으로 다가가 보석을 양손에 단도처럼 움켜쥐고는 내리쳐서 거미를 죽여 버립니다.

그리고 거미줄을 보석으로 쳐내고 잘라냅니다.

이제 동굴 입구로 되돌아 나옵니다.

동굴 밖은 넓고 빈 들판입니다.

당신은 그 보석을 어떻게 해야 할지 모른 채 보석을 들고 들판을 걸어갑니다.

햇살이 보석에 비치면서 보석은 모양이 바뀝니다.

보석은 말랑말랑해지고 마치 부드러운 빵처럼 보입니다.

왜 이렇게 되는지 잘 모르는 채 당신은 보석을 들고 먹기 시작합니다.

그것은 매우 맛있고 힘을 솟아나게 하고 기분을 좋게 해줍니다.

먹고 난 뒤 들판을 둘러보니 어디선가 사람들이 나타나 춤을 추기 시작합니다.

모든 사람들이 당신에게 다가와 춤을 추기 시작합니다.

한참 춤을 춘 다음에 춤은 끝이 납니다.

이 꿈을 꾼 사람은 이렇게 말했다. "나는 이 꿈을 꾸고서 편안함을 느꼈고 내 삶에 대한 확신을 느꼈다. 또 거미에 대해서도 예전과는 다르게 느끼는데, 아직도 거미줄을 좋아하지는 않지만 예전에 거미를 생각할 때 느끼곤 했던 그런 맹목적인 공포를 느끼지는 않는다."

1. 이 경험을 하는 동안 당신이 느낀 것을 적은 다음에 다른 사람들과 자신의 경험을 나누어보라.

---

2. 당신은 자신의 욕구나 경험에 적합하게 이 꿈의 결과를 다르게 변화시킬 필요를 느끼는가? 당신에게는 어떤 꿈의 상징이 적당하다고 느끼는가? 또는 어떤 방식이 적당하지 않다고 느끼는가?

---

3. 어떤 사람은 꿈의 어떤 부분(거미 죽이기, 보석이 빵으로 변함)에 대해 거부감을 가질 수도 있다. 당신도 그러하다면 그 점에 대해 논의해보라.

---

4. 당신의 꿈이나 경험은 융의 이론에 비추어보아 어떤 식으로 나타나는가?

---

5. 자주 반복해서 꾸는 꿈이 있는가? 그 꿈이 당신에게 전하려 하는 메시지는

무엇인가?

....

....

....

적극적 상상

꿈을 통해서만이 아니라 상상을 통해서도 자아와 무의식이 대화를 나누도록 할 수 있다. 적극적 상상은 무의식적 과정을 의도적으로 상상하는 의식적 노력으로, 무의식에 휩쓸리지 않으면서도 평상시에 유지하는 의식의 통제력 수준을 낮추어주는 역할을 한다. 적극적 상상은 무의식을 다루는 여러 기법 중 하나로서 개인에 따라 선호하는 기법이 다를 수 있다. 어떤 사람들은 그림 그리기를 적절히 사용하는가 하면 어떤 사람들은 의식적인 이미지나 환상, 예언의 형태로 표출하는 것을 더 선호한다.

다양한 매체 사용하기

융은 자신의 무의식을 다룰 때 다양한 매체를 사용했다. 예를 들면 그의 내적욕구에 따라 은퇴 후 거처할 집을 볼링겐에 설계했고, 내적욕구가 커짐에 따라 새로운 건물들을 늘려 나갔다. 또 그 집 벽에 벽화를 그리고 라틴어와 독일어를 새겨 넣었다.

　당신은 오늘날 현대 과학의 매체들을 유용하게 사용할 수 있다. 자신에게 적합한 매체를 사용해 무의식을 다루어보고 느낀 경험을 적어보라.

그림 그리기

스케치와 그림을 마음 내키는 대로 그리는 낙서일기를 시작하라. 스케치와 그림을 매일 또는 규칙적으로 작성해보라. 그림일기가 모이면서 당신의 주요 심리 변화가 그림과 어떻게 연관되는지를 볼 수 있을 것이다. 그림을 그리면서 아마도 당신은 특정 색이나 형태가 특정한 정서나 특정한 사람과 연관되는 것을 볼 수 있으며, 점차 당신의 그림은 자기를 표현할 수 있는 명확한 매체가 될 것이다. 이 작업을 지속하면 무의식이 드러나고 자신이 변화하는 것을 관찰할 수 있다.

그림에 대한 다른 접근방법으로는 크레용과 종이를 가지고 무의식에 질문하는 방법이 있다. 아무 질문이나 자신에 대해 궁금한 질문을 던진 다음에는 당신의 상상력이 어떠한 이미지를 떠오르게 하는지 찾아보라.

의식적 상상하기

꿈의 이미지나 특별히 당신에게 의미 있는 어떤 이미지를 떠올려보라. 그 이미지에 대해 집중적으로 생각하고, 이미지가 어떻게 변하는지 관찰해보라. 이때 억지로 무언가가 일어나게 유도하지 말고 단지 자발적으로 일어나는 것만을 관찰하라. 이러한 과정을 인내심을 가지고 지속하고, 그 이미지 안에 당신 자신이 들어가 그 이미지에 말을 걸고 그 이미지가 당신에게 하는 말에 귀를 기울여보라. 이 말은 당신에게 새로운 지혜를 제공할 것이다.

참고자료 ● ● ● ● ● ● ● ● ● ● ● ● ●

Anthony Stevens. Jung. *A Very Short Introduction*. Oxford University Press, Oxford, 1994.

Dry, A. *The Psychology Of Jung*. N. Y.: 1961.

Edward C. Whitmont. *The Symbolic Quest: Basic Concepts of Analytical Psychology*, Princeton University Press, Princeton, New Jersey, 1969, 1979.

Fordman, F. *An Introduction To Jung's Psychology*. N. Y.: New American Library. 1973.

Jung, C. G. *Memories, Dreams, Reflections*. N. Y.: Random House(Vintage Books). 1961.

————. *Man And His Symbols*. London: Aldus Books. 1964.

————. *Analytic Psychology; It's Theory And Practice*. N. Y.: Pantheon Books. 1968.

————. *Collected Works*. Princeton N. J.: Princeton University Press, 1967-1976.

Jung, Carl Gustav; Marie-Luise von Franz. *Man and His Symbols*. Doubleday. 1964.

O'Connor, Peter A. *Understanding Jung, understanding yourself*. N. Y.: Paulist Press. 1985.

Robert Aziz. C. G. *Jung's Psychology of Religion and Synchronicity*. State University of New York Press. 1990.

Robert Aziz. Synchronicity and the Transformation of the Ethical in Jungian Psychology in Carl B. Becker, ed., *Asian and Jungian Views of Ethics*. CT: Greenwood. 1999.

Robert Aziz. *The Syndetic Paradigm: The Untrodden Path Beyond Freud and Jung*. The State University of New York Press. 2007.

Robert Aziz, Foreword in Lance Storm, ed., *Synchronicity: Multiple Perspectives on Meaningful Coincidence*. Pari, Italy: Pari Publishing. 2008.

Singer, J. *Boundaries Of The Soul; The Practice Of Jung's Psychology*. N. Y.: Doubleday. 1972.

Wallace Clift. *Jung and Christianity: The Challenge of Reconciliation*. New York: The Crossroad Publishing Company. 1982.

Whitmont, E. *The Symbolic Quest*. N. Y.: Putnam. 1969.

아들러

Alfred Adler

아들러는 1870년 오스트리아 빈 근교에서 태어났다. 그의 아버지는 유대인으로 상인이었으며, 그의 가족은 중산층에 속했다. 아들러는 신체적으로 왜소했으며 어렸을 때 앓은 구루병으로 인해 두 다리는 구부정했고 폐렴 때문에 죽을 고비도 넘겼다. 그는 허약한 체질과 둘째라는 형제 서열로 인해 형에게 심각한 열등감을 느끼면서 성장했다. 그는 신체적 약점을 극복하려고 몹시 노력했으며, 틈만 나면 집 밖으로 나가서 친구들과 뛰어놀았고 또 친구들에게 인기가 많았다. 이런 친구들과의 경험을 통해 그는 공동체가 부여하는 느낌과 가치의 중요성을 강조했고, 사회적 관심을 통해 사회로부터 생산성이 높은 사회구성원이 되기 위한 잠재적 가능성을 찾을 수 있다고 주장했으며 이러한 주장은 후에 자신의 이론에 반영되었다.

아들러는 죽음에 관한 트라우마가 있었다. 아들러가 3세 때 침대를 같이 쓰던 동생이 병사했고, 자신도 교통사고로 두 번이나 크게 다쳤으며, 4세 때에는 폐렴으로 죽을 고비를 넘겼다. 생사의 고비를 넘나드는 경험으로 인해 아들러는 의사가 되기로 결심했다. 그는 1895년, 처음에는 안과의사로 후에는 일반의사로서 일하며 점차 뇌신경학과 정신의학에 관심을 갖게 되었다. 그는 1902년 오스트리아 빈에서 프로이트를 중심으로 한 빈 정신분석학회를 결성하고 초대 회장을 역임했다. 그러나 프로이트와 이론적으로 뜻을 같이 할 수 없었기 때문에 결국 그 모임을 탈퇴하고 개인심리학회를 결성했고, 학회의 명성이 점차 유럽 전역에 퍼지게 되었다.

아들러의 개인심리학은 각 사람의 특유성, 의식, 신체적 영향보다는 사회적 영향에 초점을 맞춘다는 점에서 프로이트의 정신분석과 많은 차이가 있다. 그는 정신병리가 있는 사람은 아픈 게 아니라 낙담한 사람이기 때문에 사회적 관심을 키우고 새로운 생활양식을 개발하도록 돕는 것이 중요하다고 보았다. 아들러의 이론에서는 성性의 차이에 의한 역할에 대해서는 언급하지 않고 그보다는 어린 시절에 느끼는 열등감을 극복하고자 하는 강한 노력과 형제 서열에서 오는 부모의 불평등한 양육에 의해 성격차이가 발생한다고 설명했다.

아들러는 사람들에게는 보편적으로 자신이 다른 사람보다 열등하다고 느끼는 열등감이 존재하는데 이는 어린아이가 이 세상에 태어나 어른들에게 의존해야 하는 데서 경험하는 무력감에서부터 시작된다고 보았다. 아들러는 이러한 무력감은 오히려 사람들로 하여금 많은 시도를 하게 하고 성장할 수 있는 힘을 제공한다고 보았다. 그러나 열등감을 보상하기 위한 노력이 지나치거나 반대로 열등 느낌들을 보상할 수 없을 때, 즉 삶의 문제들을 해결할 수 있는 힘이 없게 되면 신경증적 증상이나 열등 콤플렉스가 나타나기도 한다. 열등 콤플렉스는 열등감을 모면하려는 무의식적인 갈등으로 인해 보상, 공격성, 방어 행동을 일으키는 것을 의미한다. 열등 콤플렉스는 주로 불행한 환경에 놓이거나 부적당한 취급을 받거나 신체 기관에 결함이 있을 때, 혹은 부모가 자녀를 과보호하면서 키웠을 때, 아이를 충분히 돌보지 않았을 때 형성된다. 사람들이 추구하는 자기성취, 성장, 능력 함양 등을 위한 모든 노력의 근원은 결국 열등감이지만 단순히 열등감을 극복하려는 것 외에 세상을 창조하고 고난을 극복하려는 동기가 있는데, 이것이 바로 우월 추구이다. 그러나 현실을 무시한 과도한 목표 설정이나 열등감을 감추기 위한 어색한 태도의 결과로 자신의 능력, 업적 등에 대한 과장된 태도를 갖게 되는데 이를 우월 콤플렉스라 한다.

사람들이 추구하는 궁극적 목표는 우월성, 완전성, 혹은 성격을 완성시키고자 하는 것이다. 우월, 완전을 위한 추구striving for superiority는 인간이 본래적으로 가지고 태어나는 것으로 미래 지향적이다. 우리가 세우고 있는 가공fiction의 목표는 행동을 인도하는 주관적 오류인데 그중 가장 일반적인 하나가 완벽해야 한다는 오류이다. 우월성의 추구는 개인, 그리고 사회 전체에 내재되어 있는데 이는 긴장을 감소시키기보다 증가시킨다.

개인의 중요한 신념과 가정假定은 생활을 통해 행동을 이끌어주고 생활에서 일어나는 사건에 의미를 부여하면서 현실을 구성하는데, 이러한 생활의 흐름이 각 개인의 생활양식이다. 이는 사람들이 완벽을 추구하는 특성이나 행동들의 특수한 패턴을 말한다. 생활양식의 행동들은 열등감을 보상하기 위한 것으로 어린 시절에 사회와의 상호작용들을 통해서 배우며, 4세 혹은 5세에 완성된다. 개인의 창조적 능력이란 유전적으로 물려받은 능력과 환경으로부터의 경험을 통해서 우리 자신을 창조할 수 있는 능력을 말한다. 따라서 아들러의 이론은 인간에게 어느 정도의 자유의지를 부여하고 있다.

아들러에 의하면 우리 삶에 있어서 가장 중요한 세 가지 문제는 다른 사람들을 대하는 행동, 직업, 그리고 사랑이다. 이러한 문제들을 다루는 기본적인 생활양식은 세 가지 유형으로 나뉘는데, 사회적 관심이나 다른 사람에 대한 배려가 없고 오히려 다른 사람들을 공격하고 지배하려는 유형, 다른 사람에게 기생해 모든 것을 받기를 기대하는 유형, 그리고 삶의 문제를 회피하는 유형이다. 이 세 가지 유형의 사람들은 모두 삶의 일상적인 문제들에 적절하게 대처하지 못한다. 반면, 사회적으로 유용한 사람들은 다른 사람들과 함께 삶의 문제들에 적극적으로 대처하려 한다. 사회적 관심은 본래적인 것이며, 이것을 어떻게 실현하느냐 하는 것은 어린아이의 초기 사회경험, 특히 어머니와의 경험에 따르게 된다. 그렇기 때문에 어머니는 아이들에게 협동심, 우정, 그리고 용기를 반드시 가르쳐주어야 한다.

출생순위는 생활양식을 만들어내는 어린 시절에 매우 큰 영향을 끼치는 사회적 환경이다. 아들러는 가족 내에서의 출생순위가 성격 형성에 상당히 중요하고, 특히 아이들이 각 출생순위를 어떻게 지각하느냐가 중요한 요인으로 작용한다고 보았다. 일반적으로 어떤 특정 출생순위는 각각 독특한 특징을 지닌다. 첫 번째 아이는 출생과 함께 사랑과 관심을 받지만, 곧 동생이 태어남으로써 왕좌를 물려주어야 하는 충격을 피할 수 없기 때문에 스스로 고립해서 적응해 나가며 다른 사람의 애정이나 인정을 얻고자 하는 욕구에 초연하다. 과거 지향적이고, 미래에 대해 비관적이며, 질서와 권위를 유지하는 데 관심이 많다. 두 번째로 태어난 아이는 형을 뒤쫓아 가야 하기 때문에 형을 능가하려는 경쟁관계에 있다. 이들은 아들러 자신과 마찬가지로 매우 경쟁적이고 야망이 크다. 막내 아이는 독립심이 부족하거나 열등감을 경험할 수도 있지만 위의 형제들을 능가하기 위해 야망적이고 성취욕구가 강하다. 외동아이는 어른들 틈에서 자라기 때문에 빨리 어른스러워지지만 학령기에 접어들어 사회관계가 확장되면서 자신이 더 이상 가족 내에서처럼 관심의 중심에 있지 않다는 것을 깨닫게 된다.

여러 부분에서 아들러가 보는 인간의 본성은 프로이트보다 희망적이다. 아들러는 사람들은 각자의 고유한 특유성과 자유의지를 가지고 있으며, 자신의 발달을 의식적으로 만들어가고 발달시킬 수 있는 능력을 가졌다고 보았다. 인간 본성의 어떤 부분들, 즉 사회적 관심이나 완벽을 추구하려는 것 등은 본래적으로 가지고 태어나는 것이긴 하지만 이러한 경향들을 얼마나 잘 실현시키느냐 하는 것은 경험이 결정짓는다고 보았다. 다른 학자들처럼 아들러에게 있어서 어린 시절의 경험은 중요한 부분이지만 그렇다고 사람이 과거 경험의 희생자는 아니라는 것이 그의 주장이다.

아들러는 진단을 위한 주요 방법으로 출생순위, 초기 회상, 꿈을 활용했는데, 출생순위와 가족 내 위치에 대한 해석은 성인이 되어 세상과 작용하는 방식에 큰 영향을 미치며, 초기 회상은 그것이 실제적인 사건이든 아니면 상상의 사건이든 간에 그 사람의 생활양식을 드러내기 때문이다. 꿈 역시 현재 문제에 대한 느낌들을 보여주고 자신이 그

것들을 어떻게 처리하려 하는지에 대해 보여주기 때문에 치료적으로 유의미하게 여겼다.

아들러의 주요 연구방법론은 사례연구이다. 따라서 그가 관찰한 것은 체계적으로 반복될 수도, 재연될 수도, 검증될 수도 없다. 꿈, 초기 회상, 어린 시절의 거부당한 경험, 그리고 사회적 관심과 정서적 건강과의 관련성은 설득력이 있지만 어떤 의견은 설득력이 떨어진다. 그의 형제 서열 이론이 오늘날 외동이로 성장하는 사람에게는 어떤 영향을 끼치는지에 대해서는 더 많은 연구가 필요하다.

그의 이론 역시 가족과 개인적 경험을 기반으로 형성되었음을 알 수 있다. 자신의 신체적 결함을 극복한 아들러는 사람을 좀 더 낙관적이고 희망적으로 보았다. 그리고 자신의 경험에 비추어 열등감은 누구에게나 조금씩 있는 것으로, 열등감을 극복하면 성장하고 발전할 수 있다는 긍정적 인간관을 제시하고 있다. 이런 아들러를 탐탁지 않게 여겼던 프로이트는 구루병으로 인해 굽은 다리와 키가 작았던 아들러의 신체적 결점을 꼬집으면서 아들러를 무시하는 발언을 했지만 아들러는 "작은 내가 거인(프로이트)의 어깨 위에 앉으면 더 멀리 볼 수 있다."고 맞받아쳤다. 아들러는 인간을 미시적으로 분석하는 정신분석과는 달리 사회적 영향까지 포함하는 거시적 모델을 제시하고 있다. 가족구성원 중 한 사람의 지지가 얼마나 큰 영향을 끼치는지를 잘 보여주는 사례이다.

1. 어렸을 때 열등감을 느꼈던 것은 무엇이었는지 적어보라. 이러한 열등감을 지금까지도 지니고 있는지 혹은 어떤 방법으로 극복했는지 적어보라.

2. 열등감과 우월성 추구는 삶의 동기를 제공한다. 이러한 두 축 간의 역동성이 당신의 삶에는 어떻게 작용했는가?

아들러는 초기 기억들은 개인의 생활양식 발달의 근거가 될 뿐만 아니라 인간관, 세계관, 삶의 목표, 믿음 체계, 가치관, 동기 등을 반영하기 때문에 개인의 역동성을 보여주는 좋은 자료가 된다고 했다.

1. 편하게 느껴지는 곳에서 긴장을 풀고 기억할 수 있는 가장 최초의 기억들을 떠올려보라. 될 수 있는 한 모든 것을 기억하고, 그때 전반적으로 가졌던 생각이나 그 상황이나 사람들에 대해서 느꼈던 것을 적어보라.

2. 위의 기억들을 살펴보고 그 사건들에 공통되는 테마를 찾아보라. 상황을 파악하는 태도, 생각, 느낌들, 사람들에게 가졌던 감정들, 또 상황에 대처하는 나의 태도 등을 비교해보라.

3. 위에서 파악한 것들을 현재 나의 삶에서 반복하고 있는지 비교해보라.

1. 아들러는 가족 내에서의 출생순위가 개인의 성격 형성에 영향을 미친다고 보았다. 맏이거나 막내인 친구나 친지들에게 그들이 어떻게 키워졌는지, 그리고 이런 위치가 그들의 성격에 어떤 영향을 미쳤는지 물어보라. 당신의 관찰과 그들을 아는 다른 이들의 관찰도 덧붙여보라.

   맏이와 막내 간에 어떤 차이를 발견할 수 있는가? 또, 형제 중 가운데로 태어나는 것과 외동으로 태어나는 것도 성격에 영향을 미친다고 생각하는가? 만일 그렇다면 어떤 방식으로 그런 특성이 나타나는 것이겠는가?

----

2. 당신의 출생순위는 어떠한가? 이러한 출생순위가 당신의 성격 형성에는 어떤 영향을 끼쳤다고 보는가?

아들러는 인간은 현실적으로 실현 불가능한 가상적인 목표 as if…를 가지고 있으며, 이 목표들은 자신이나 세계에 대한 주관적이고 허구적인 오류로 이루어져 있다고 주장했다. 비록 이러한 목표가 객관성이 결여되어 있지만 오히려 개인에게는 그 어떤 것보다도 더 큰 힘을 발휘한다고 보았다.

이 책을 잠시 내려놓고 펜을 들고 앉아보라.

1. 내 생의 목표를 적어보라. 추상적이든 평범한 것이든 하찮은 것이든 상관없다. 개인적인 것, 가족에 대한 것, 직업에 관계된 것, 사회나 지역사회와 연관된 것과 영적인 목표를 포함시켜도 좋다. 모두 기록한 후에 다시 읽어보고 덧붙이거나 바꿀 것이 있다면 수정하라. (시간은 안내자가 조절할 수 있으나 너무 길게 주는 것보다는 짧게 주는 것이 더 좋다.)

....

....

....

2. 앞으로의 3년을 어떻게 보내고 싶은지에 대해 적어보라. 이 질문에는 1번 질문의 답보다 좀 더 자세하게 답해야 한다.

....

....

....

3. 이번에는 조금 다른 시각을 갖고 만약 내가 3개월밖에 살 수 없다면 어떻게 살 것
   인지에 대해 써보라. 이 질문을 하는 목적은 당신이 이제껏 하지 않았던 것이나
   지금 생각하고 있는 것 중에서 가장 중요한 것이 무엇인지를 발견하게끔 하려는
   것이다. 다시 2분간 기록하라.

....

....

....

4. 앞의 세 질문에 대한 답 중에서 당신에게 가장 중요하다고 여겨지는 목표 세 가지
   를 적어보라. 쓴 것들을 비교해보라. 여러 목표를 관통하는 어떤 주제가 있는가?

....

....

....

위에서 답한 목표의 대부분이 개인적인 것인가? 사회적인 것인가? 위 대답 중
개인적이면서 사회적인 목표가 있는가? 가장 소중한 것으로 선택된 목표는 다른
목표들과 어떻게 다른가?

....

....

....

이렇게 삶의 목표를 분석하는 방법은 아들러가 말한 무의식적인 삶의 목표를 충
분히 밝히지는 못하지만 당신의 목표와 일상적인 행동 간의 관계를 살펴보는 효
과적인 방법이 될 수 있다. 이것을 6개월마다 반복하면 어떤 변화가 있는지를 보
여줄 수 있을 것이다.

아들러는 인간을 하나의 통합된 전체로 보고 그 사람의 생활양식을 이해해야 한다고 주장했다. 인간은 경험을 선택해 이해하고 받아들임으로써 자신과 세상에 대한 이해의 틀과 관계양식을 형성하는데 이를 생활양식 혹은 인지도認知圖라고 한다. 이 인지도에는 내가 누구인지에 대한 확신, 나는 어떠한 사람이어야 한다는 이상적 인간관, 세계관, 또 윤리적 규범 등이 들어 있다. 이러한 인지도는 아주 어렸을 때부터 형성되기 시작하기 때문에 어린 시절의 기억들과 가족구도를 돌아보고 삶의 목표를 분석하며 가치, 태도, 신념 등을 살펴보면 나에 대한 보다 분명한 모습을 파악할 수 있다.

1. 당신의 생활양식을 전형적인 행동뿐 아니라 가치, 태도, 신념까지 포함해 적어보라. 어떤 요인이 당신의 생활방식에 주로 영향을 끼치는가?

----

2. 다른 문화권의 사람과 결혼하거나 당신의 신념이나 행동과 반대되는 사람들과 함께 일함으로써 당신의 생활양식을 바꿀 수 있다고 생각하는가?

아들러가 협동이나 사회적 관심을 중요하게 여겼던 것을 명확히 이해하기 위해 일주일간 다른 사람들을 도와주는 데 시간을 할애해보라. 선택한 행동을 기록하고 그 느낌을 적어보라. 당신의 소중한 시간, 에너지, 돈을 빼앗기더라도 다른 이들의 요청을 거절하지 않기로 결심해보라. 좀 더 효과적이기 위해서는 친구들에게 이런 계획에 대해 알려주는 것도 좋다. 단순히 누군가가 당신에게 도움을 요청할 때까지 기다리지 말고 적극적으로 도울 기회를 찾아보라.

1. 주말에 기록을 다시 읽어보라. 다른 이들은 당신에게 어떻게 반응했는가? 어떻게 다른 이들을 도왔는가? 이 작업에서 배운 것은 무엇인가?

참고자료 ● ● ● ● ● ● ● ● ● ● ● ● ●

Adler, A. *The Practice And Theory Of Individual Psychology*. London: Routledge. 1929.

_____. *Superiority And Social Interest: A Collect Of Late Writings*. N. Y.: Viking Press. 1964.

_____. *The Individual Psychology Of Alfred Adler: A Systematic Presentation In Selection From His Writings*. N. Y.: Harper & Row. 1956.

_____. *What Life Should Mean To You*. Boston: Little, Brown. 1931.

Carlson, J., Watts, R. E., & Maniacci, M. *Adlerian Therapy: Theory and Practice*. Washington, DC: American Psychological Association. 2005.

Dinkmeyer, D., Sr., &Dreikurs, R. *Encouraging Children to Learn*. Philadelphia: Brunner-Routledge. 2000.

Dreikurs, R. *Fundamentals Of Adlerian Psychology*. N. Y.: Greenberg. 1950.

Dreikurs, R. *An Introduction to Individual Psychology*. London & New York: Routledge, 1983.

Ellenberger, H. F. *The Discovery Of The Unconscious: The History And Evolution Of Dynamic Psychiatry*. N. Y.: Basic Books. 1970.

Grey, L. *Alfred Adler: The Forgotten Prophet: A Vision for the 21st Century*. Westport, CT: Praeger. 1998.

Hall, C. & Linzey, G. *Theories Of Personality*. N. Y.: Wiley. 1957.

Handlbauer, B. *The Freud–Adler Controversy*. Oxford, UK: Oneworld. 1998.

H. L. Ansbacher and R. R. Ansbacher (Eds.). *The Individual Psychology of Alfred Adler*. New York: Harper Torchbooks. 1964.

H. L. Ansbacher and R. R. Ansbacher (Eds.). *Superiority and Social Interest: A Collection of Later Writings of Alfred Adler*. N. Y: W. W. Norton. 1979.

Hoffman, E. *The Drive for Self: Alfred Adler and the Founding of Individual Psychology*. N. Y.:Addison-Wesley Co. 1994.

Josef R. *Alfred Adler – Life and Literature*. Ungar Pub. Co. 1983.

Lakein, A. *How To Get Control Of Your Time And Your Life*. N. Y.: New American Library. 1974.

Manès S. *Masks of Loneliness: Alfred Adler in Perspective*. N. Y.: Macmillan. 1974.

Mosak, H. H. & Di Pietro, R. *Early Recollections: Interpretive Method and*

Application. N. Y.: Routledge. 2005.

Oberst, U. E. and Stewart, A. E. *Adlerian Psychotherapy: An Advanced Approach to Individual Psychology.* New York: Brunner–Routledge. 2003.

Orgler, H. Alfred Adler, *The Man And His Work: Triumph Over The Inferiority Complex.* N. Y.: Liveright, 1963.

Phyllis B. *Alfred Adler–Apostle of Freedom. 3rd Ed.* London. Faber and Faber. 1957.

Slavik, S. & Carlson, J. (Eds.). *Readings in the Theory of Individual Psychology.* N. Y.: Routledge. 2005.

Stepansky, P. E. *In Freud's Shadow: Adler in Context.* N. J.: Analytic Press. 1983.

Watts, R. E., & Carlson, J. *Interventions and strategies in counseling and psychotherapy.* N. Y.:Accelerated Development/Routledge. 1999.

Watts, R. E. *Adlerian, cognitive, and constructivist therapies: An integrative dialogue.* New York: Springer. 2003.

Way, Lewis. *Alfred Adler–An Introduction to his Psychology.* London: Pelican. 1956.

West, G. K. *Kierkegaard and Adler.* Tallahassee: Florida State University. 1975.

호나이
Karen Horney

호나이는 1885년에 독일 함부르크에서 태어났다. 아버지는 매우 가부장적이었으며 권위적이고 무서운 사람이었다. 그는 화가 나면 성경을 마구 던져서 아이들은 아버지를 '성경책 던지는 사람'이라고 별명을 붙였다. 그의 아버지는 첫 번째 결혼에서 아들을 넷 두었으며, 호나이 어머니와의 결혼에서는 아들과 딸을 두었다. 아버지와 어머니 모두 호나이보다 아들을 더 많이 선호했다. 선장이었던 아버지는 호나이가 아버지를 어떻게 느끼고 있는지에 대해서 잘 모르고 외국에 나갈 때마다 딸의 선물을 사가지고 오곤 했다. 가끔은 외국으로 항해를 할 때 호나이를 데리고 가곤 해서 호나이가 다른 문화에 대한 예민성을 키우는 데 영향을 미쳤다. 아버지는 자기 방식대로 딸을 사랑했지만, 호나이는 아버지의 사랑을 받지 못했다고 느껴 개방적이었던 어머니를 많이 따랐다. 그러나 어머니마저 아들인 오빠를 선호했기 때문에 어머니로부터도 사랑을 받지 못했다고 느꼈다. 대략 아홉 살쯤 되었을 때 호나이는 부모의 사랑을 받고자 애쓰던 방식을 바꾸어 보다 반항적이고 야심적인 아이가 되었으며 공부를 잘해야겠다고 결심했다. 특히 호나이는 매력적이었던 오빠를 부러워하면서 깊은 열등감을 느끼곤 했다. 이런 깊은 열등감은 오빠를 흠모하게 만들었고, 호나이의 이런 관심은 오빠를 놀라게 했으며 호나이를 밀쳐내게 했다. 오빠의 거부는 호나이로 하여금 우울감에 빠지게 했고, 이러한 우울감은 그녀의 삶 전체에 영향을 주게 되었다. 부부사이가 안 좋았던 어머니는 이혼은 하지 않지만 1904년에 자녀들만 데리고 남편을 떠났다. 호나이는 12세에 이미 의학을 공부하기로 결심하고 아버지의 극심한 반대에도 불구하고 여학생의 입학을 허락하는 몇 안 되는 베를린 의과대학에 21세에 입학했으며, 심리학을 독학으로 공부했다. 이후 젊은 변호사와 결혼해 두 딸을 두었으나 불행했던 결혼생활은 스트레스와 우울증으로 끝을 맺게 되었다.

호나이는 13세 때부터 일기를 쓰기 시작했는데 10년 동안 정신분석을 받은 다음에야 일기쓰기를 그만둘 수 있었다. 그리고 프로이트식 정신분석 훈련을 받은 뒤에 정신분석가로 활동했다. 그러나 그녀는 정신분석가들이 여성들에 대해 잘 모른다고 비판했고, 프로이트와의 공개 토론 석상에서는 프로이트 편이 아니라 일반인들의 의견을 지지하는 입장에 섰다. 호나이는 특히 성격 형성이나 여성 심리에 관해서 심리적인 것보다 사회의 중요성을 강조한 점에서 프로이트와 극명한 선을 긋고 있다. 호나이는 프로이트의 오이디푸스 콤플렉스는 성적으로 편견을 가진 이론이라고 반박하면서 오히려 아이들은 성적인 것보다 안전감이 박탈되었을 때 부모에 대한 의존성과 적대감이 발생한다고 했다. 또한 호나이는 사회가 여성에게 부과하는 제한된 역할에서 발생하는 심리적 갈등을 탐색하기도 했다. 이런 호나이의 입장은 자신의 성장 경험에 뿌리를 두고 있으며, 결국 정통 정신분석과 결별하는 계기가 되었다.

호나이는 우리시대의 노이로제 성격(The Neurotic Personality of Our Time, 1937)과 정신분석의 새로운 길(New Ways in Psychoanalysis, 1939)에서 노이로제 증상을 포함한 프로이트 이론을 한 줄 한 줄 반박했다. 이 책은 프로이트가 사망한 해에 출판되었다. 호나이는 프로이트에 대한 비판으로 인해 정신분석학회에서 1941년에 축출당했고, 교수 자격까지 박탈당하자 그녀를 따르는 사람들과 함께 진보적 정신분석학회를 설립했다. 이렇게 호나이는 1952년 사망할 때까지 가부장적인 정신분석학에 대해 끊임없는 비판을 했다.

호나이는 신경증 내담자들을 관찰하면서 아주 자세하게 신경증에 관한 논리를 전개하여 정신분석학자들과는 다른 관점을 형성했다. 호나이는 신경증은 살아가면서 증상이 가끔씩 드러나지만 서서히 진행되는 과정의 결과라고 보았다. 호나이는 그 당시 치료사들의 관점과 달리 애도, 이혼, 혹은 어린 시절의 상처, 그리고 사춘기 시기의 반항에 부모들이 반응하는 방식이 문제라기보다는 부모가 자녀들에게 무관심한 것이 더 문제라고 보았다. 자녀들의 문제가 발생하는 것은 부모의 의도와는 상관없이 아이가 그 상황을 어떻게 지각하고 믿느냐에 달렸다는 것이다. 예를 들면 아이의 감정을 무시하거나, 가볍게 여기거나, 약속을 지키지 않는 것 등 부모의 행동이 문제라고 보았다. 호나이는 어린 시절의 경험이 성격 형성에 중요한 역할을 하는데 부모의 사랑을 충분히 받지 못했을 때 기본적인 불안감basic anxiety과 기본적인 적대감basic hostility을 형성한다고 주장했다. 어린아이는 만족감과 안전감에 대한 욕구가 있는데 만족감이란 기본적인 생리적 욕구와 관련되어 있으며, 안전감이란 사랑받고 싶고 필요한 존재라고 느끼고 싶은 욕구와 관련되어 있다. 안전감이 훼손되면 적대감이 생기지만 이 적대감을 억압하게 되면 무력감, 부모에 대한 두려움, 부모로부터 사랑의 표현을 받고 싶은 욕구, 적대감을 표현하는 데 따르는 죄책감 등이 생기게 된다. 결국 관계의 불안에서 비롯되는 기본적 불안이 신경증의 핵이 된다.

호나이는 신경증 욕구에 따라 강박적으로 나타나는 태도와 행동을 신경증 경향성이라고 불렀다. 그리고 이러한 욕구들을 세 가지 신경증적 경향의 유형으로 묶어 설명하고 있다. 신경증적 경향의 첫 번째 유형은 사람들에게 다가가는 것으로, 사랑과 인정의 욕구를 충족시키기 위해서 다른 사람들이 바라는 것을 지속적으로 맞추어 주려는 유형이다. 두 번째 유형의 사람들은 공격적이고, 적대적이며, 우월을 추구하고, 타인을 통제하려는 유형이다. 마지막 세 번째 유형은 사람들과 멀리 떨어지려고 하는 고립적인 태도를 취하는 유형이다. 그러나 신경증적 사람들은 비록 한 가지 경향이 두드러지게 나타나기는 하지만 대부분의 경우 이 세 가지 경향성이 다 섞여 있다. 신경증적이지 않은 사람들의 자기이미지는 자신의 능력과 목표에 대해 현실적인 평가에 근거를 두고 형성되기 때문에 잠재력을 개발하면서 자기실현을 이루는 반면에, 신경증적인 사람들의 자기이미지는 비현실적이고 잘못된 자신의 능력 평가에 근거해 형성되기 때문에 병리적이 된다. 호나이는 이러한 심리적 욕구가 성적 욕구나 생리적 욕구보다 더 강한 충동적 힘이 될 수 있다고 주장했다.

호나이가 제시한 열 가지 신경증적 욕구에는 사랑과 인정을 받고자 하는 욕구, 상대를 지배하고자 하는 욕구, 한계를 좁고 경직되게 설정하고자 하는 욕구, 힘에 대한 욕구, 명예에 대한 욕구, 착취하고자 하는 욕구, 칭찬받고자 하는 욕구, 성취하고자 하는 욕구, 자족하고 독립하고자 하는 욕구, 그리고 난공불락의 욕구가 있다. 신경증적인 사람은 열 가지 신경증 특징을 다 드러낼 수도 있고 적게 드러낼 수도 있지만 이러한 경향성이 성공적인 삶을 영위하는 데 영향을 끼친다고 보았다.

1. 사람에게 가까이 가려는 경향의 사람

이들은 사랑과 인정을 해주는 배우자나 그 외의 한두 사람이 항상 있어야 안심한다. 이들은 다른 사람과 융합해 하나가 되고자 하고, 순종하고, 자신을 드러내지 않으려 한다. 호나이에 의하면 부모와 힘든 상황에 처하면 아이들이 이런 전략을 사용한다. 이들은 무력감에 대한 두려움, 거부감에 대한 기본적 불안 때문에 이런 태도를 취하게 된다. 이들은 배우자나 다른 사람들이 자신의 모든 문제를 해결해줄 것을 기대한다.

2. 사람을 공격하려는 경향의 사람

힘, 다른 사람에 대한 착취, 사회적 지위, 개인적 존경, 개인적 성공 등을 통해서 자기의 욕구를 성취하려는 사람들로, 이들은 이런 공격적인 태도를 취하면서 사람들에게 공격적이다. 이들 신경증적 사람들의 특징은 분노와 기본적 적대감을 표현한다. 이들은 권력의지가 강하고, 다른 사람들을 착취하려 한다. 이들은 사람들을 조종하려는 욕구가 있고, 사회적 인정을 추구하는데 이러한 사회적 인정은 그냥 주위 사람들로부터 받는 단순한 인정일 수 있다. 이들은 사람들과의 관계욕구는 그리 많지 않고 단지 자신들의 필요에 집중한다. 자신들의 행복을 추구하는 데 있어 다른 사람들이 상처 입는 것에는 관심이 없다.

3. 사람들을 멀리하려는 경향의 사람

이들은 자기충족적, 완벽적, 제한된 삶의 반경 내에 머물기 등을 통해 사람들과의 접촉을 제한한다. 공격적이거나 동조하면서도 부모의 관심을 받지 못할 때 아이들은 스스로 자기충족을 할 수밖에 없다. 이들은 다른 사람들을 공격적이 아닌 방식으로 멀리한다. 홀로 있기, 독립하기는 이들의 특징인데 이런 특징은 다른 사람을 해치지는 않는다. 완벽추구는 이런 경향을 가진 사람들의 또 다른 영역인데, 이들은 완벽을 추구하는 것을 가장 중요하게 여기고, 조그마한 결점도 받아들이기 힘들어한다. 이들은 사람들과 섞이기 가장 어려운 집단이다. 이들은 다른 사람들을 향한 감정을 억제하거나 부인하는데 특히 사랑과 증오의 감정을 없애려 한다.

호나이는 나르시시즘에 대해 자신만의 이론을 제시하였다. 프로이트가 나르시시즘을 인간에 내재된 원초적인 나르시시즘primary narcissism 이라고 본 것에 반하여 호나이는 사람들의 특정 기질이 어떤 특정한 환경에 반응하면서 형성된 것이라고 보았다. 즉 나르시시즘은 인간에게 내재되어 있는 것은 아니라는 것이다. 방어기제인 자기이상화는 박탈의 결과로 부족한 것을 보상하면서 형성된 것이라면, 나르시시즘은 지나친 방임, 허용, 탐닉의 결과이다. 따라서 나르시시스트의 자존감은 현실적 성취에 기반하여 형성된 것이 아니기 때문에 낮을 수밖에 없다. 이러한 프로이트와의 이론에 대한 차이는 아들러와 함께 호나이를 신프로이트 학파의 기수로 불리게 하였다.

호나이는 그녀의 생애 마지막 단계에서 신경증과 성장 : 자기실현으로의 투쟁(Neurosis and Human Growth: The Struggle Toward Self-Realization, 1950)이라는 저서를 통해 자신의 생각을 정리한다. 이 책에서 호나이는 건강한 사람들은 자신들의 관계욕구를 건강하게 충족시키는 반면에 신경증적 사람들은 타인과 병리적인 관계를 형성하면서 해결하려 한다고 보았다. 즉 신경증적인 사람들은 자기애적 완벽주의, 교만, 집념의 세 가지 방식과 자기비하, 타인에 대한 순종, 단념, 타인과 거리두기 방식 등의 두 가지 방식을 선택하여 삶의 문제를 해결하려 한다는 것이다.

호나이가 보는 인간관은 프로이트보다 낙관적이다. 호나이의 관점으로 보면, 인간은 프로이트가 말하듯 갈등과 불안에 전전긍긍할 수밖에 없는 결정론적 존재가 아니라 각각의 특성과 잠재력을 지니고 있는 존재로 보았다. 어린 시절의 경험도 물론 중요하지만 그 후의 경험 또한 성격 형성에 중요한 역할을 한다고 보았다. 인간에게는 성장하고자 하는 본래적인 욕구와 자기실현을 하고자 하는 삶의 궁극적 목표가 있으며 환경이 이를 방해하기도 하고 도움을 주기도 하는 것이다. 이처럼 호나이는 우리의 성격을 의식적으로 형성할 수도 있고 변화시킬 수도 있다고 주장했다. 치료적 방법은 자유연상과 꿈 분석이었으나 지적인 수준에서의 통찰뿐만 아니라 정서적인 경험도 중요하게 보았다. 그녀의 연구방법 역시 사례연구이다.

호나이는 자기실현이 모든 사람이 추구하는 것이라는 매슬로와 같은 생각을 했다. 자기self는 그 사람 자신이며, 잠재적 핵심이다. 인간은 누구나 자기만의 자기를 가지고 있고, 이러한 잠재성을 적절한 선에서 실현하고 싶어 하고, 자유롭게 실현할 수 있다고 믿었다. 따라서 자기실현은 건강한 사람이라면 살아가면서 자연스럽게 이루어진다고 믿는 반면에, 신경증적인 사람은 이러한 욕구에 지나치게 일생 동안 매달린다. 호나이에 의하면 사람은 자신을 진짜 자기와 이상적인 자기로 바라볼 수 있는데 진짜 자기는 우리 자신 그대로를 말하며, 이상적인 자기는 우리가 되어야만 하는 자신을 말한다. 그런데 신경증적인 사람은 비현실적이고 가능하지 않은 목표를 세우고 그 목표에 다다르려고 한다. 동시에 진짜 자기를 무시하고 자기를 증오하게 된다. 호나이는 이런 사람들은 치료적 개입으로 인해 사슬이 끊어지지 않으면 가짜 자기가 지속적으로 부풀려지고, 그 상태로 자기가 유지된다고 믿었다.

호나이는 여성이 남성에 비해 초자아가 덜 발달된다는 프로이트의 주장을 강력하게 반대했다. 호나이는 여성의 생물학적인 창조능력을 남성이 시기함으로써 여성을 불평등하게 대우하는 것이라고 주장했다. 여성의 창조능력을 가능하게 하는 자궁선망 때문에 여성을 비하하고 깔보려는 것이며, 일에 몰두해 성취하려는 욕구는 남성의 질투에서 비롯되었다고 주장했다. 호나이는 여성이 남성에게 열등감을 느낀다면 그것은 남성의 일의 능력에 대한 것이 아니라 오히려 남성 중심의 사회문화적 편견에서 남성들이 취하는 이득에 대한 것이라고 강하게 주장했다. 남성 중심적 사회에서 살아남고자 자신의 모성애적 성향을 거부한다면 자신의 여성성을 부정하는 것이며, 이런 태도가 지나치면 불감증의 문제까지 발생한다고 설명했다. 이런 원인과 더불어 어린 여아가 남성의 성기가 자기를 뚫는 고통스러운 상상을 하면 이런 상상이 불감증의 원인이 될 수 있다고도 했다. 이렇게 호나이는 많은 부분에서 프로이트와 입장을 같이 하기도 했지만 동시에 프로이트의 핵심 개념에 대해 매우 비판적이었다. 호나이는 성과 공격성이 인간의 성격을 결정짓는 주요 요소가 아니라고 주장했다. 아들러와 같이 호나이도 사람의 성격은 어린 시절의 상호작용에 기인한 것이며 단지 억압된 성적 에너지로부터 비롯된 것은 아니라는 주장이다. 호나이는 정신과 의사들이 남성의 성적 기관에 대해 중요성을 부여하는 것을 의아하게 생각했고, 오이디푸스 콤플렉스는 한 부모에게 매달리고 다른 한 부모에게 질투를 느끼는 불안의 결과이며, 부모자녀의 잘못된 관계에서 비롯된다고 설명하고 있다. 비록 호나이가 프로이트의 관점을 일부 비판하였지만 어떤 측면에서는 프로이트의 개념을 사회문화적 차이점을 강조하면서 좀 더 전체적이고 인간적인 관점으로 볼 수 있도록 확대했다.

불행하게도, 여성의 입장에서 정신분석학파와 정면대결을 마다하지 않았던 호나이도 어린 시절의 상처에서 벗어나지 못했다. 남성 중심의 아버지와 오빠만을 사랑했던 어머니로부터 상처를 입은 호나이

는 그의 불행했던 경험을 바탕으로 이론을 형성했지만 딸들과의 정서
적 연결에는 문제가 있었다. 그녀가 가정생활에 충실하지 못하고 자녀
를 돌보는 데 문제가 있었다는 비판은 오늘날 일과 가정을 돌보는 것을
병행해야만 하는 많은 여성들이 똑같이 경험하는 것이다. 이런 차원에
서 그녀의 정신분석학에 대한 비판은 오히려 설득력을 갖게 된다.

자기 분석

호나이는 전문적인 도움이 없어도 자기분석에 흥미를 느끼는 사람이라면 스스로 자신을 분석할 수 있다고 주장했다.

자기분석(self-analysis, 1942)에서 호나이는 "정신분석가가 환자의 무의식적 정신활동에 의지해 치료를 하는 것이라면 환자 자신이 문제를 해결할 수 있는 능력을 좀 더 계획적으로 사용해 스스로 치료할 수 있지 않겠는가? 환자가 스스로의 비판적인 지성을 사용해 자기관찰과 연상을 상세히 해석할 수도 있지 않겠는가? … 설사 그것이 어렵고 힘들며 한계가 있다 할지라도 … 그러한 어려움 때문에 자신을 분석하는 것이 정말 불가능한 것일까?라는 질문을 제기하는 것을 막지는 못할 것이다"(pp. 16-17)라고 말한 바 있다.

당신도 역시 아래의 작업을 통해 자기분석을 할 수 있다. 조용하고 사적인 공간에서 이 책의 질문에 30분간 답해보라.

1. 현재 당신에게 분명히 문제라고 생각되는 것을 한 가지만 생각해보라. 문제를 선택한 후 가능한 한 간결하게 적어보라.

_____

_____

_____

_____

2. 이 문제에 관한 당신의 행동을 살펴보고, 가능한 한 객관적으로 당신이 한 일을 한두 문단으로 적어보라.

....

....

....

3. 호나이는 어린 시절의 부정적 경험은 신경증의 토대가 된다고 보았다. 신경증적 인 사람은 자신의 기본적인 불안으로 자신을 보호하기 위해 비합리적이고 부자연 스러운 해결 방법을 적용하게 되어 지나치게 사람들에게 '다가가려 하거나', '멀어 지려 하거나', '맞서려는' 부적절한 세 가지 방법 중 하나를 선택한다. 이 세 가지 보호기제에 대한 당신의 의견을 적고 이런 강박적인 경향이 당신의 문제에는 어 떻게 작용하고 있는지 적어보라.

....

....

....

당신은 세 가지 방식 중 어떤 방식이 주로 드러나는가? 어떤 경험이나 요인이 그 러한 적응기술을 택하도록 영향을 주었는가?

....

....

....

4. 당신의 삶에서 발생하는 문제의 범위를 조사해보라. 이러한 문제들은 단지 특별 한 상황에서만 일어나는 비교적 사소한 문제들인가? 아니면 항상 당신의 삶에 지 속되고 있으면서 다른 갈등과 얽혀 있는 문제인가? 문제 영역에 대한 당신의 평 가를 적어보라.

....

5. 당신이 지니고 있는 문제의 폭을 이해함과 동시에 그 문제 때문에 얻게 되는 이익 또는 손실에 대해서 적어보라. 이 문제를 대하는 자신의 태도는 위에서 말하는 세 가지 방법 중 어떤 방법인가? 다른 방법에 대해서 생각해보라.

6. 잠시 이 문제 가운데에 있는 당신 자신을 느껴보라. 예전에 지금과 비슷하게 느껴 본 적이 있는가? 기억이 되살아난다면 기록해보라.

7. 기록한 것들을 다시 읽어보라. 그리고 머물러보라. 아마 당신 마음속의 긍정적 힘 이 꿈을 제공하거나 또는 뜻밖의 순간에 통찰을 던져줄 것이다. 깨달은 것이 있으 면 적어보라.

8. 가능하다면 기록한 것을 다른 사람에게 읽어주어라. 자기분석을 할 때 일어나는 것 — 읽는 동안 느낀 것, 조사한 것, 더 설명할 필요를 느끼는 그 무언가 — 에 주

목해보라. 듣는 사람에 대한 당신의 느낌을 조사해보고, 느낌이 변화했다면 어떻게 변했는지 설명해보라.

....

....

....

자기개념 발달

성격발달에 대한 호나이의 기초적 이론 중 하나는 기본적 불안에 대한 것이다. 즉 아이의 진정한 욕구가 무시되거나, 존중받지 못하거나, 혹은 부모가 신뢰할 만하지 못하면 아이는 세상을 적대적으로 받아들이게 된다. 적대적인 세상에 확산된 소외감과 무력감으로 인해 기본적 불안을 형성하게 된다. 적대감을 억압하게 되면 적대감뿐만 아니라 다른 감정까지도 함께 억압하게 되고 결국 감정을 상실하게 되어 삶에 대한 느낌이 사라지게 된다. 결국 진실한 감정을 억압한 결과로 자기 자신real self을 잃어버리고 거짓 자아false self가 형성된다.

당신의 생활에서 일지를 사용해 이 개념을 적용해보라.

1. 눈을 감고 긴장을 푼 다음에 당신이 13~15세였던 어느 날을 떠올려보라. 아침에 눈을 뜬 다음부터 학교에서 공부하고, 놀고, 오후에 가족과 친구들과 만나는 순간까지를 기억해보라. 준비가 되었다면 일상적인 분위기분 아니라 구체적인 생각과 느낌까지 그날의 일지를 적어보라.

....

....

....

2. 4~5세 때의 어느 날로 돌아가보라. 몇 분간 눈을 감고 긴장을 풀고 1번과 같이 그날의 일지를 기록해보라.

....

....

....

3. 일지에 기록한 날들을 비교해보라. 자발적이면서도 안정감을 느끼는 정도에 어떤
   차이가 있는가? 자라면서 당신의 흥미가 더하거나 덜해졌는가? 당신의 삶은 갈
   등에 의해 경직되었는가 아니면 자신의 감정을 지킬 수가 있었는가? 자신과 타인
   에 의해 사랑의 질이 어떻게 바뀌었는가?

....

....

....

4. 위의 두 시기를 비교하고 다른 이들의 이야기를 들어보라. 당신의 개별적인 경험
   을 종합해 참된 자아에 대한 호나이의 개념을 논의하고 평가해보라.

....

....

....

호나이의 철학적 입장에 대한 논쟁

호나이는 내가 나를 치유한다 : 신경증 극복과 인간다운 성장(1950, p. 14-15)의 서두에서 인간 본성을 세 가지 도덕개념으로 구분했다.

- 인간이 원초적인 충동에 조종당하거나 약한 존재라면 도덕의 목표는 충동을 억제하거나 길들이는 것, 또는 극복하는 것이어야 한다.
- 인간 본성이 선천적으로 선하거나 악하다면, 도덕의 목표는 악을 억누르거나 또는 의지, 합리성을 사용해서 선한 요소를 지향해 선이 승리하게 해야 한다.
- 인간 본성이 선천적으로 자기실현을 지향하도록 발달한다면, 도덕의 목표는 성장에의 자발성을 극대화하는 기회를 제공할 수 있게 장애를 제거하는 것이어야 한다.

1. 적어도 3명 이상으로 이루어진 집단을 만들고 세 가지 입장을 논의하고 그중 하나를 지지하기 위해 당신의 입장과 상관없이 시험적으로 한 입장을 선택하라. 호나이는 세 번째 입장을 취하고 있는데 당신은 어떤 입장인가? 심리치료에 대해서 호나이의 철학이 함축하고 있는 의미에 대해 논의한 후에 자신의 의견도 적어보라.

2. 당신이 어떤 입장을 선택했다면 당신이 이런 철학적 태도를 믿는지, 이 입장을 견지하며 살아갈 것인지를 스스로에게 질문해보고 가능하면 집단 내에서 발표해보도록 하라.

참고자료 ● ● ● ● ● ● ● ● ● ● ● ● ●

Horney, K. *The Neurotic Personality Of Our Time.* N. Y.: Norton. 1937.

_____. *New Ways in Psychoanalysis*, N. Y.: Norton. 1939.

_____. *Self-Analysis.* N. Y.: Norton. 1942.

_____. *Our Inner Conflicts.* N. Y.: Norton. 1945.

_____. *Are You Considering Psychoanalysis?* N. Y.: Norton. 1946.

_____. *Neurosis and Human Growth*, N. Y.: Norton. 1950.

_____. *Feminine Psychology.* N. Y.: Norton. 1967.

_____. *Feminine Psychology* (reprints), N. Y.: Norton. 1922, 1967.

_____. *The Collected Works of Karen Horney* (2 vols.), N. Y.: Norton. 1950.

_____. *The Adolescent Diaries of Karen Horney.* N. Y.: Basic Books. 1980.

_____. *The Therapeutic Process: Essays and Lectures, ed.* Bernard J. Paris, Yale University Press, New Haven. 1999.

_____. *The Unknown Karen Horney: Essays on Gender, Culture, and Psychoanalysis*, *ed.* Bernard J. Paris. Yale University Press. New Haven. 2000.

Kelman, H. *Helping People: Karen Horney's Psychoanalytic Approach.* N. Y.: Science House. 1971.

Rubins, J. Karen Horney, *Gentle Rebel Of Psychoanalysis.* N. Y.: Dial Press. 1978.

에릭슨
Erik Erikson

에릭슨은 1902년 독일의 프랑크푸르트에서 태어났다. 어머니
는 에릭슨을 임신한 상태에서 남편과 헤어지면서 덴마크를 떠
나 독일로 이주해 유대인 의사와 재혼했다. 청년 시절까지 양부를 친
부로 알았으며, 양부의 성Homburger을 따라 에릭 홈버거 에릭슨Erik
Homburger Erikson으로 살았으나 이후 그는 양부의 성을 빼고 에릭 에릭
슨Erik Erikson이라는 이름으로 살았다. 이렇게 에릭슨은 덴마크인으로
태어나 독일에서 성장했고, 나중에는 미국 국적을 얻었다. 그가 정체
성에 대한 이론을 세운 것은 우연이 아니었다. 그는 성장과정 속에서
이방인 취급을 받으면서 정체성에 대한 문제를 겪게 되었고, 정체감
위기에 대한 예리한 통찰력을 가지게 되었다.

에릭슨은 독일에서 일반 교육과정을 마친 뒤 라틴어, 그리스 신화,
독일문학, 고대역사 등을 공부했지만 틀에 박힌 교육보다는 자유로
운 분위기를 좋아했다. 그는 학교를 졸업한 후 예술가가 되기로 결심

하고 유럽 전역을 여행하면서 자신이 누구인가에 대한 고민을 했다. 그 후 25세가 되어 고향으로 돌아와서 미술교사를 하려는 시점에 소아정신과 의사인 친구 블로스의 연락을 받게 된다. 블로스는 그 당시 빈에 묵고 있는 미국 부호의 자녀들을 돌보았으며, 후에 학계에서 유명인사가 되었다. 그가 돌보았던 자녀들의 부모가 자신들의 자녀들뿐만 아니라 정신분석을 받는 미국 부모들의 자녀들을 위한 학교를 세울 것을 제안했다. 블로스는 에릭슨에게 이 학교에서 미술, 역사, 그 외의 과목들을 가르칠 것을 제안했고, 두 사람은 창의적이고 이상적인 학교를 만들게 되었다. 이 과정에서 에릭슨은 프로이트의 딸인 안나 프로이트와 교류를 하게 되었고, 블로스와 에릭슨은 비공식적으로 정신분석대상자로 선정되었다. 안나는 에릭슨의 다양한 경험과 관점이 정신분석 분야에 기여할 점이 많다고 여겨 에릭슨을 매일 분석하기 시작했고, 그들은 아동 정신분석 문제를 함께 연구하게 되었다.

에릭슨은 몬테소리 체계를 공부하고 졸업한 단 두 명의 남학생 중 하나였으며, 놀이치료와 소아정신분석에 더 관심을 갖게 되었다. 캐나다-미국계였던 아내 덕에 유럽의 파시즘을 피해 쉽게 미국 보스턴으로 이주해 그 지역에서 유일한 소아정신분석가로 활동했다. 그 후 예일 의과대학의 임상정신과 교수로 재직했다. 이때 에릭슨은 사우스다코타의 수Sioux 인디언을 관찰하면서 이들의 삶 속에 들어가 이들의 풍부한 문화에 대해 인류학적, 정신분석학적 입장에서 연구했고 이를 논문으로 제출했다.

그의 유명한 저서 **아동기와 사회**(Childhood and Society, 1963), 마틴 루터에 관한 책 **젊은 청년 루터**(Young Man Luther, 1958)는 정신분석, 전기,

역사를 통합한 책으로 지금까지도 많은 영향력을 끼치고 있다. 이처럼 에릭슨의 개인 가족사, 젊은 시절 정체성에 대한 고민, 다양한 영역에서의 경험 등이 어우러져 그만의 독특한 이론을 형성했다.

에릭슨은 프로이트가 사춘기 이전까지의 발달에 초점을 맞춘 데 비해 심리사회적 발달이 전 생애를 통해 계속된다고 보았으며, 프로이트가 원초아에 초점을 맞춘 데 비해 에릭슨은 자아에 대한 개념을 훨씬 더 많이 강조하고 확대시켰다. 또한 문화, 사회, 역사적 배경이 개인의 성격발달에 끼치는 영향을 더 많이 강조했고, 이를 이론에 통합했다. 대부분의 성격이론이 이론가의 삶을 바탕으로 형성된 것처럼 에릭슨 역시 자신의 경험을 바탕으로 정체성 형성이 성격 형성에 매우 중요하다는 이론을 제시했다.

에릭슨은 성격발달과정을 여덟 단계로 나누었다. 처음의 네 단계는 프로이트의 발달 단계와 비슷하지만, 그 후의 발달 단계부터는 신체적인 심리성적 측면보다 사회적 요인과의 관계를 더 중요시했다. 에릭슨에 의하면 각 발달 단계마다 내적욕구와 외적요구 간의 상호작용으로부터 갈등이 발생하는데 이 갈등을 효율적으로 해결해야 적절한 심리사회적 발달이 지속된다.

발달 단계는 유전적인 요인과 더불어 환경의 영향을 받으면서 점성원칙epigenetic principle**2**에 의해 진행된다. ❶ 구강-감각 단계는 탄생 후 1년 동안으로 주된 발달 위기는 영아가 세상을 신뢰할 수 있는지, 없

---

2) 발달의 점성원칙은 인생주기의 각 단계는 그 단계에 우세하게 출현하는 발달의 최적 시기가 있고 각 단계는 전 단계의 심리사회적 갈등의 해결과 통합을 토대로 세워진다는 것을 강조한다.

는지에 관한 것이다. 영아의 신체적, 심리적 욕구를 잘 충족시켜주면 영아는 신뢰감을 형성하게 되고, 욕구가 잘 충족되지 않으면 불신감을 갖게 된다. 즉 어머니가 영아의 신체적 욕구에 어떻게 반응했느냐에 따라 신뢰감과 불신감을 형성한다. ❷ 항문-근육 단계는 1세에서 3세까지로 이 시기의 중요한 과업은 자기통제이며, 특히 배변훈련과 관련된 배설 기능의 통제가 중요하다. 유아에게 새로운 것들을 탐색할 기회가 주어지고 독립심이 조성되면 건강한 자율감이 발달하지만, 유아에게 자신의 한계를 시험할 기회가 주어지지 않고 지나친 사랑과 과잉보호가 제공되면 세상에 효과적으로 대처할 자신의 능력에 회의를 느끼고 수치심을 갖게 된다. 즉 부모가 자녀로 하여금 아이의 자율적 의지를 어떻게 행사하도록 허락했느냐에 따라 자율성과 수치심을 형성하게 된다. ❸ 생식기-운동 단계는 3세부터 6세까지로 활동, 호기심, 탐색의 방법을 통해 세상을 향해 주도적으로 나아가는 것과 두려움으로 인해 주저하는 것 사이에 갈등이 발생한다. 부모가 오이디푸스 환상이나 아이의 주도성에 대해 어떻게 반응하느냐에 따라 주도성 혹은 죄의식을 형성하게 된다. ❹ 잠재기는 6세부터 11세까지로 아이는 배우고, 작업하고, 기술을 익히는 방법을 습득하려고 시도하는 것에 부모와 교사가 어떻게 반응하느냐에 따라 근면성과 열등감을 형성하게 된다. 만약 아이가 성공 경험이나 인정받고자 하는 과업에 실패한다면 근면성이 결여되고 무력감이 나타난다. 잠재기까지의 발달 단계 결과는 자기 자신보다는 다른 사람에 의존해 이루어지나 후반기의 발달 단계는 점차 개인에 의해 결과가 나타난다. ❺ 사춘기는 12세부터 18세까지로 이 시기는 아동기에서 성인기로 옮겨가는 과도기며,

급격한 신체적 변화와 성적 성숙이 이루어진다. 이 시기의 가장 중요한 발달과업은 자아정체감의 확립으로 정체성 응집 혹은 역할 혼돈의 시기이다. 사춘기에는 심리적 휴식이 필요한데 심리적 휴식기란 사회적 역할과 자기가 누구인지에 대한 점검 기간을 말한다. ❻ 청장년 단계는 18세부터 35세까지로 타인과의 관계에서 친밀감을 이룩하는 일이 중요한 발달과업이다. 친밀감은 자아의 상실에 대한 두려움을 극복하고 돌봄을 베풀며 관계에 참여하는 것을 말한다. 에릭슨은 친밀감을 자신의 정체감과 다른 사람의 정체감을 융합시키는 능력이라고 표현했다. 즉 자아정체감을 확립한 후에 다른 사람과 진정한 친밀감을 형성할 수 있다는 것이다. 이는 인생에서 매우 중요한 관계의 기초가 되는 것으로서 상호 헌신을 의미한다. ❼ 중년기는 35세에서 55세까지로 생산성 혹은 정체감^{停滯感}을 형성하게 된다. 생산성은 자녀를 낳아 기르고, 다음 세대에 기술을 전수하며, 가르치고, 지도하는 활동에 적극적으로 참여하는 것을 말한다. 침체한 느낌은 다음 세대를 위해서 자신이 한 일이 아무것도 없다는 것을 깨닫는 것을 말한다. 생산적인 중년들은 다음 세대와의 연결을 통해 사회의 존속과 유지를 위해 헌신한다. ❽ 노년기는 55세 이후부터 죽음에 이르기까지를 이르는 시기이며, 이 시기의 발달과업은 자아의 통합과 절망감의 위기를 극복하는 것이다. 특히 자신의 죽음에 직면해 살아온 삶을 되돌아보게 되는데 살아온 인생을 별다른 후회 없이 그대로 받아들이며, 피할 수 없는 종말로 죽음을 받아들이게 되면 통합감이라는 정점에 이르는 반면, 자신의 삶이 무의미한 것이었다고 후회하면 절망감에 빠지게 된다.

이와 같은 여덟 단계의 발달과제는 우리가 성장할 수 있는 힘을 키울 수 있는 기회를 제공해준다. 이러한 힘은 각 단계의 과제를 적절한 방법으로 해결했을 때 발생하는 성과물과도 같다. 그러나 각 단계에서 적절한 적응방법뿐만 아니라 약간의 부적절한 방법도 취득해 균형을 이루어야 함에도 불구하고, 만일 자아가 적절한 적응방법이나 부적절한 적응방법 중 하나에만 치중하게 되면 건강한 발달이 어렵다.

각 발달 단계가 잘 진행되었을 때 얻어지는 결과는 다음과 같다.

- 우리의 삶에 필요한 희망은 신뢰감을 형성했을 때 우러나는 것으로 우리가 바라는 것이 이루어질 수 있다고 끈질기게 믿는 신념이다.
- 우리가 바라는 것을 이루겠다는 의지는 자율성을 형성했을 때 생기는 것으로 선택할 수 있는 자유를 행사하고 자기절제를 하겠다는 결심이다.
- 삶의 목적은 주도성에서 나오는 것으로 삶의 목표를 갖게 하며, 그 목표를 추구하도록 해준다.
- 무엇을 할 수 있다는 능력에 대한 자신감은 근면함을 형성했을 때 수반되는 것으로 기술을 세련되게 발전시키고자 진력하는 것, 과제를 해결하고 완결시키고자 하는 지적 능력을 말한다.
- 인간관계에서 필요한 충성심은 정체성 형성이 잘 되었을 때 생기는 것으로 다른 사람과의 관계에 필요한 근본적인 충성심, 의무감, 진실성 등을 유지하게 해준다.
- 이성 간의 관계를 맺게 해주는 힘인 사랑은 친밀감을 형성할 수

있을 때 솟아난다. 사랑은 서로 정체성을 나누어 갖고 상호 헌신하게 해주는 능력을 말한다.

- 다음 세대를 돌보고 배려하는 힘은 생산성generativity으로부터 생겨나며 다음 세대, 즉 인간에 대한 폭넓은 관심을 가질 수 있게 해준다.
- 삶의 마지막 단계에서 필요한 힘은 지혜로서 자아가 통합될 때 생겨나며 죽음을 바라보는 시기에 우리로 하여금 삶으로부터 초연하면서도 삶에 관심을 가질 수 있게 해준다.

에릭슨의 인간관은 다소 지나치게 낙관적인 것처럼 보인다. 에릭슨은 모든 인간은 근본적으로 힘을 키울 수 있는 능력을 가지고 태어나며, 각 발달 단계의 과제를 수행할 수 있는 능력을 가질 수 있다고 주장했고, 인간은 무의식에 휘둘리는 존재가 아니라 의식적 차원에서 자신의 성장을 주도할 수 있는 존재라고 보았다. 또한 인간은 생물학적 존재만도 아니고 어린 시절의 경험에 의해 결정되는 존재도 아니라고 보았다. 다만 인간은 유전적인 것보다 배우는 것으로부터 더 많은 영향을 받는다고 주장한다.

에릭슨은 여성과 남성의 성격발달은 남성 성기가 있느냐 없느냐에 따라 형성된다고 주장했다. 이 주장 역시 현재는 여성심리학자들로부터 많은 비판을 받고 있다. 이런 비판과 함께 개념이 불투명하고, 단계의 과제를 어떻게 마감하는지 등에 대한 이론이 불분명하다는 비판을 받고 있지만 여러 다양한 연구를 통해서 많은 지지를 받고 있는 것도 사실이다.

정체성 위기는 에릭슨이 생각한 것보다 좀 더 늦게 올 수 있고, 특히 대학생활로 인해 발달과제의 마감이 늦게 이루어질 수도 있다. 에릭슨이 주장하는 바, 생애 초기에 형성해야 한다는 기본 신뢰감과 기본 불신감은 지지를 받고 있으며 전 생애에 걸친 발달심리는 중년과 노년의 이해에 많은 도움을 주었다.

에릭슨부터 본격적으로 자아ego에 초점이 맞춰지기 시작했다. 자아는 다른 이론에서 자기self 혹은 나라고 표현되기도 한다. 앞에서 설명했듯 자아는 출생 시부터 존재해 전 생애과정에 걸쳐 형성되며 가족, 사회에 적응하기 위한 기능을 한다. 방어기제는 사회화 과정에서 삶에 적응하기 위한 방식으로 무의식적 차원에서부터 의식적 차원까지 널리 사용되기 때문에 자아 역시 방어기제를 사용한다. 자아를 좀 더 자세하게 설명하자면 관찰하는 자아와 경험하는 자아로 분류할 수 있다. 경험하는 자아는 대부분의 사람들이 나라고 단순하게 생각하는 자아로서 이 순간 경험하는 나다. 이러한 경험하는 나를 객관적으로 바라볼 수 있는 나가 관찰하는 자아이다. 이처럼 경험하는 자기를 관찰하고 의식적인 차원에서 자신의 정서적 경험에 대해 언급할 수 있는 사람은 자아강도가 높다고 할 수 있고, 이렇게 자아강도가 높은 사람은 성숙한 방어기제를 다양하게 사용하며, 상담치료에서도 문제를 해결할 수 있는 능력이 높다고 할 수 있다.

에릭슨의 성격이론도 그의 가족사를 반영하고 있다. 에릭슨을 잉태한 채 이혼한 부모, 양아버지를 친아버지로 알고 성장한 것, 자신의 앞날에 대한 혼돈으로 유럽을 헤매던 청년시기, 다양한 성장 지역, 직업선택에서의 다양성, 아동치료에 대한 관심, 자신의 이름Erik

Homburger Erikson에서 양아버지의 이름을 빼고 에릭 에릭슨Erik Erikson으로 명명한 것 등은 그의 성장과정에서 경험한 정체성 혼란에 뿌리를 두고 있다.

정체감

에릭슨은 심리적 발달에서 가장 중요한 것은 그가 속한 사회 내에서 자아정체감을 형성하는 것으로 인간의 심리적 건강은 바로 정체감 형성에 달려있다고 보았다. 인간은 태어날 때 신체적 발달뿐만 아니라 정체감 발달계획표를 이미 가지고 태어난다고 설명하면서, 이 정체감 형성이 삶의 가장 중요한 과제라고 주장했다.

1. 긴장을 풀고서 과거에 강렬하게 정체감을 느꼈던 순간을 떠올려보라. 그때를 묘사하라. 정체감의 내용은 무엇인가?(예 : 초등학교 회장, 고등학교 예능부장, 대가족의 장녀, 착한 학생 등) 자기에 대한 느낌, 중요한 삶의 문제 등을 10개 정도의 단어로 적어보라.

....

....

....

2. 당신이 현재 갖고 있는 정체감을 기록하라.

....

....

....

3. 1번과 2번의 기간 사이에 중요한 변화가 있었는가? 1번의 시기 동안 느꼈던 자신에 대한 느낌 중에서 어떤 부분이 계속 남아 있는가? 또 어떤 부분이 변화되었는가?

4. 정체감의 변화는 매끄럽고 점진적인 것인가 아니면 급속하게 이루어진 것인가?

5. 당신은 정체감을 확립했는가? 아니면 정체감이 혼란스러운가? 전공학과, 직업 선택, 생활환경(도시구역 등에 따른 지리적 여건, 부모의 경제상태), 여가선용 등의 요인이 정체감 형성에 영향을 주었는가? 그렇다면 어떻게 영향을 미쳤는지 적어보라.

다음 척도는 오체와 플러그(Ochse & Plug, 1986)가 에릭슨이 정의한 정체감 발달의 정도를 평가하고자 고안한 것이다. 아래의 19개 항목에 보기의 점수를 표시하라.

보기)
1 : 전혀 그렇지 않다, 2 : 그다지 그렇지 않다, 3 : 가끔 그렇다, 4 : 매우 그렇다

___ 1. 나는 진실된 나인지 의심스럽다.

___ 2. 사람들은 나에 대한 생각을 바꾸는 것처럼 보인다.

___ 3. 나는 내 인생에서 해내야 할 것을 분명히 알고 있다.

___ 4. 나는 어떤 것이 도덕적으로 옳고 그른지 잘 모르겠다.

___ 5. 대부분의 사람들은 나라는 사람에 대해 인정하는 것 같다.

___ 6. 나의 생활양식이 내게 맞는다고 느낀다.

___ 7. 타인에게 인정받는다는 것은 내게 가치 있는 일이다.

___ 8. 나는 나를 아는 사람들에게서 떨어져 있을 때 더 자유롭고 진정한 내가 된다.

___ 9. 현재 내 생활이 정말로 가치 있다고는 느껴지지 않는다.

___ 10. 나는 내가 살고 있는 지역사회에 어울린다고 생각한다.

___ 11. 나는 나라는 사람이 자랑스럽다.

___ 12. 사람들은 내가 나를 보는 것과는 다르게 나를 본다.

___ 13. 나는 모든 것에서 동떨어져 있는 듯하다.

___ 14. 사람들이 나를 비난하는 것 같이 생각된다.

___ 15. 나는 인생에서 내가 원하는 것에 대한 생각을 바꾼다.

___ 16. 나는 사람들이 나를 어떻게 생각하는지 모르겠다.

___ 17. 나는 나 자신에 대한 느낌이 변한다.

___ 18. 나는 젠 체하거나 결과를 위해서만 뭔가 한다.

___ 19. 나는 내가 살고 있는 사회의 구성원임을 자랑스럽게 여긴다.

채점 : 1, 2, 4, 8, 9, 12, 13, 14, 15, 16, 17, 18번에 답한 1~4까지의 점수를 5에서 **빼고** 다른 항목의 점수는 그대로 둔다. 여기에 19개 항목 모두의 점수를 더한다. 성인의 경우 점수의 평균은 57점, 표준편차는 8이다. 65점 이상의 점수는 성격의 정체감이 잘 발달되었음을 가리키며 49점 이하의 낮은 점수는 정체감이 덜 발달되었다는 것을 의미한다. 다른 사람들과 점수를 비교해보라.

성격 발달 단계

에릭슨의 성격 발달 단계 중, 서로 다른 단계에 있다고 여겨지는 세 사람(부모, 당신, 동생 등)을 골라보라. 에릭슨의 발달 단계가 위의 세 사람의 발달 단계를 적절하게 설명해주고 있는가? 당신이 보기에 각 사람의 삶에서 가장 중요한 문제는 무엇인가? 주요 강점은 무엇이며 약점은 무엇인가? 세 사람의 현재 삶이 과거와 어떻게 연관되어 있는가? 그리고 과거의 강점과 약점이 어떻게 발달했는가? 그들의 관심사, 강점, 주요 쟁점을 정리하는 것은 세 사람의 차이점과 이들 간의 의사소통에서 있을 수 있는 어려움 등을 이해하는 데 도움이 되는가?

1. 당신이 대학교 시절이나 고등학교 시절, 또는 생의 초기에 영웅시했던 사람들을 기억하는가? 왜 그들을 영웅시했었나? 현재는 그렇지 않다면 그 이유는 무엇인가? 생각컨대 영웅시했던 그 사람은 건강한 성격이었는가? 어떤 점에서 영웅시했는지 또는 어떤 점에서 그렇지 않았는지 적어보라.

2. 당신은 에릭슨이 언급한 바 있는 성장과정 중의 위기들을 경험했는가? 살아온 시간 동안 어느 시기가 특별히 즐거웠으며 또 가슴 아팠던 적은 언제였는가? 당신은 어떻게 상처를 해결했는가?

3. 당신은 당신 자신이라 밝혀진 사람에 대해 만족하는가? 만약 가능하다면 당신을 어떻게 바꾸고 싶은가?

....

....

....

참고자료 ● ● ● ● ● ● ● ● ● ● ● ● ● ●

Erikson E. *Childhood And Society*. N. Y.: Norton. 1963.

_____. *Insight And Responsibility*. N. Y.: Norton. 1964.

_____. *Identity, Youth And Crisis*. N. Y.: Norton. 1968.

_____. *Life History And Historical Moment*. N. Y.: Norton. 1975.

_____. *Young Man Luther. A Study in Psychoanalysis and History*. N. Y.: Norton. 1958.

_____. *Identity: Youth and Crisis*. N. Y.: Norton. 1968.

_____. *Gandhi's Truth: On the Origin of Militant Nonviolence*. N. Y.: Norton. 1969.

_____. *Adulthood*. N. Y.: Norton. (edited book, 1978)

_____. *Identity and the Life Cycle*. Selected Papers. N. Y.: Norton. 1959.

Evans R. I. *Dialogue With Erik Erikson*. N. Y.: Dutton. 1967.

Levinson D. J. *The Seasons Of A Mans Life*. N. Y.: Balletine. 1978.

Richard I. Evans, E. P. *Dialogue with Erik Erikson*. N. Y.: Dutton & Co, 1969.

Robert S. Wallerstein & Leo Goldberger, eds., *Ideas and Identities: The Life and Work of Erik Erikson*. IUP. 1998.

Sheehy G. *Passage*. N. Y.: Bantam Books. 1977.

매슬로

Abraham Maslow

매슬로는 1908년 미국 브루클린에서 태어났다. 어린 시절 매슬로는 매우 내성적이고 신경증적이었다. 가난한 러시아계 유대인 이민자 부모 밑에서 성장한 매슬로는 20여 세가 될 때까지 매우 우울하고, 불행하고, 외롭고, 소외된 채 자기거부감에 빠져 있었다. 이런 삶에서 벗어나려는 노력이 그의 자아실현 중심의 이론을 형성하는 데 토양을 제공했다. 그의 첫사랑은 사촌누나였기 때문에 감히 접근도 하지 못했다가 매슬로가 19세 되던 해에 사촌누나와 첫 키스를 하게 되었는데, 그 경험은 절정의 경험이었다. 자기를 거부할 것이라 굳게 믿었던 사촌누나로부터 자신이 받아들여지고 결혼까지 하게 되자 매슬로의 자존감은 높아졌다.

매슬로의 부모님은 그에게 법학을 전공하도록 권유했으나, 뉴욕시립대학교에 들어간 지 2주 만에 법학을 포기하고 코넬대학교로 옮겨갔다. 후에 위스콘신대학교로 다시 옮겨갔는데, 위스콘신대학교 시절에는 스키너의 행동주의에 심취했으며 대학교를 졸업한 후 4년 만에 심리학 박사학위를 취득했다. 학위를 마친 후 콜럼비아대학교의 심리학자 손다이크Thorndike와 연구하기 위해 뉴욕으로 귀향했다. 그들이 개발한 IQ 검사를 자신에게 실시한 결과, 매슬로의 IQ 점수가 두 번째로 가장 높은 점수인 195점을 받았다. 그 후 브루클린대학교에서 교편을 잡았다. 이 시기의 뉴욕에는 나치스를 피해 유럽에서 피난 온 아들러, 프롬, 호나이 등을 비롯해 게슈탈트 심리학의 창시자인 베르트하이머, 인류학자 루트 베네딕트 등 손꼽히는 유럽의 심리학자들이 체류하고 있어서 매슬로는 그들과 교류할 수 있었다.

매슬로는 대학교 시절에 행동주의의 영향을 받았지만, 프로이트의 성적 욕동이론을 지지했기 때문에 원숭이들 사이의 성과 권력, 이와 관련된 행동에 대해 연구했다. 그는 사람들이 성적 기능에 대해 좀 더 많은 이해를 한다면 인간의 적응 문제가 많이 해결될 것이라고 믿었다. 그러나 제2차 세계대전을 겪으면서 실험주의 심리학에서 사회와 성격이론에 점차 더 중점을 두게 되었다. 그의 이론은 초기에는 과학적이지 않고 심리학 주류에서 벗어났다고 무시를 당했지만 차차 사람들의 관심을 끌게 되었다. 매슬로 자신도 전혀 기대하지 않았는데 뜻밖에도 1967년에 미국심리학협회APA의 회장으로 선출되었다.

매슬로는 정신분석이 정신병리적인 환자를 분석하고 치료하는 데는 도움이 되지만 보통 사람들에게 적용하기에는 적절하지 않다고 믿게 되었다. 프로이트 이론은 인간을 편향된 시각으로 보게 하고, 인간이 자랑스럽게 여기는 행동들, 그리고 그의 삶에 가치를 부여하는 의미, 풍성함 등에 대해서는 빠뜨리거나 병리적으로 해석했다고 비판했다. 인간은 성장과 창의성, 자유선택에 대한 잠재력을 가지고 있다고 믿었던 그는 인간 잠재력의 최대치를 찾기 위해서는 병리적인 사람들을 연구하기보다는 가장 창조적이고 건강한 사람들을 연구해야 한다고 주장했다.

매슬로의 욕구위계이론은 그의 가난하고 소외된 외로운 어린 시절의 경험을 반영한다. 단계에 따르는 욕구는 하위 단계로부터 생리적 욕구와 안전에 대한 욕구, 소속과 사랑의 욕구, 자아존중감의 욕구, 그리고 자기실현의 욕구에 이르기까지 점차 상위 단계로 옮겨갈수록 인간다운 삶을 누릴 수 있다. 하위 욕구들이 충족될 때 상위 욕구들이 드러나지만, 그렇다고 하위 욕구가 절대적으로 완벽하게 충족되어야만 하는 것은 아니다. 단지 그 시점에서 다른 욕구들이 어떻게 충족되었는지에 따라 한 욕구가 지배적으로 드러난다.

하위 욕구는 생존에 필수적이기 때문에 더 강력하게 채우려 하는데 이를 결핍욕구라고도 한다. 하위 욕구가 채워지면 상위 욕구가 나타난다. 상위 욕구는 생존에 필수적인 것은 아니지만 신체적, 정서적 건강을 증진시키기 위해 필요한 욕구이기 때문에 성장욕구 또는 존재욕구라고도 칭한다. 성장욕구, 존재욕구는 생존욕구보다 지연될 수 있다. 상위 욕구가 충족되기 위해서는 더 많은 전제 조건이 채워져야 하고, 더 나아가 매우 복잡한 사회적, 경제적, 정치적 조건도 충족되어야 한다.

생존욕구에는 생명 유지에 필수적인 음식, 물, 공기, 수면, 성性 등 생리적 욕구들이 포함되어 있다. 이러한 생리적 욕구는 모든 욕구 중 가장 강렬한 욕구로, 이 욕구가 충족되지 않으면 그다음 단계로 나아갈 수 없다. 생리적 욕구가 어느 정도 충족되어야 안전욕구가 드러나는데, 안전욕구는 안전, 안정, 질서, 보호, 두려움과 불안으로부터의 해방욕구로서 유아와 신경증적 성인에게는 특히 중요한 욕구이다. 생리적인 욕구와 안전에 대한 욕구가 충족되면, 소속과 사랑의 욕구가 드러난다. 이 욕구는 다른 사람과 친밀한 관계를 맺고, 어떤 집단에 소속되고자 하는 욕망으로 표현된다. 그다음은 자아존중감의 욕구인데 자신으로부터 충족되는 자아존중감과 다른 사람들로부터 받는 자아존중감으로 나뉜다. 자기 스스로 자신을 가치 있는 존재로 평가하면서 경험하는 자아존중감과 명성, 지위, 평안, 위신, 사회적 성과 등에 따라 외부로부터 인정받으면서 경험하는 자아존중감이 있다. 자아존중감이 채워지면 안정감과 자신감을 갖게 된다.

마지막으로 드러나는 욕구는 자아실현에 대한 욕구이다. 이 욕구는 인간의 욕구위계 중 최상위 욕구로서 자신의 강점과 단점에 대한 현실적인 인식을 기저로 잠재능력을 최대한으로 발휘하고자 하는 욕구이다. 이 욕구를 충족시키고자 하는 사람은 성숙하고 건강한 사람이지만 대부분의 사람들은 자아실현의 욕구를 가지고는 있지만 이 욕구를 실현시키지는 못한다. 자아실현의 동기는 메타동기 혹은 B-동기라고 부른다. 자아실현의 욕구는 기본적인 욕구 충족을 넘어서 지속적인 성장을 위해 노력하는 동기를 유발하며, 무엇을 추구하는 동기가 아니라 오히려 스스로 실현된 상태를 말한다. 메타동기의 목표는 결핍을 충족시키거나 긴장완화에 있지 않고, 자신의 삶을 확장하고 풍성하게 하는 것이다. 이때 느끼는 긴장감은 오히려 기분 좋은 긴장감이다. 자아실현을 한 사람들은 무엇이 되고자 하는 것이 아니라 자발적이며 자연스러운 자신의 인간됨을 온전히 표현하는 존재 상태이다. 따라서 메타욕구 혹은 B-동기의 목표는 자아실현자가 향하고 있는 성장의 상태라고도 할 수 있다. 메타욕구의 좌절로 인한 메타병리는 인간의 온전성을 향한 성장과 개발의 욕구가 막혔을 때 발생하며 구체적인 병리의 원인을 찾기 힘들다.

모든 사람이 자아실현을 할 수 있는 것은 아니며 진정으로 자아를 실현한 사람들은 인구의 1%도 안 되는 소수이다. 그 이유는 욕구위계 단계에서 가장 상위인 자아실현의 욕구는 하위 욕구보다 덜 강력하기 때문에 다른 욕구들의 방해를 쉽게 받기 때문이다. 자아실현을 위해서는 용기와 훈련이 요구되기 때문에 어떤 사람들은 이 욕구를 실현하는 것을 두려워하기도 한다. 자아실현을 한 사람들의 특징은 다음과 같다 — 실재에 대한 매우 효과적인 지각; 자신과 타인, 그리고 자연에 대한 수용; 자발성, 단순성, 자연스러움; 자신이 아닌 문제에 초점을 맞추고 일에 대한 헌신을 통해 메타욕구를 충족시킴; 사생활에 대한 욕구와 독립에 대한 욕구; 지속적인 감사; 신비 혹은 절정의 경험; 사회적 관심; 깊은 인간관계; 창조성; 민주적 성격; 문화에 대한 저항.

매슬로의 인간관은 낙관적이며 자유의지를 강조하고 의식적 선택, 인간의 특유성, 어린 시절의 경험을 극복할 수 있는 능력, 그리고 본래적인 선을 강조했다. 성격 형성과정에 유전과 환경 모두에 의해 영향을 받는다고 했으며, 인간의 궁극적 목표는 자아실현이라고 주장했다.

그는 인터뷰, 자유연상, 투사 기법, 그리고 자서전 등을 통해서 성격이론을 형성했다. 자아실현을 한 사람들의 특징, 자존감과 능률감,

욕구의 순서, 그리고 하위 욕구와 상위 욕구 등에 관한 개념들은 이후의 연구에 의해서 지지되고 있다. 특히 근래 긍정심리학의 바람이 불면서 매슬로의 이론이 새롭게 평가되고 있다. 하지만 다른 성격이론가와 마찬가지로 그의 사례연구 방법론 역시 주관적 측면 때문에 비판을 받는다. 특히 매슬로가 이론 형성을 위해 선택한 자아실현을 한 사람들의 선발 기준에 대한 모호성 때문에 비판을 받기도 한다. 그러나 열등감에 빠져 있던 매슬로가 서서히 자기를 실현하는 과정이 그의 이론에 그대로 반영된 것을 보는 것은 매우 흥미롭다.

매슬로는 자아실현을 각 개인이 지니고 있는 재주, 능력, 가능성 등을 최대한으로 계발하는 것이라고 주장했다. 그는 자아실현을 하는 사람들은 특별한 사람들이 아니라 보통 사람으로서 자신의 삶을 분명하게 직시하고, 자신들이 관찰한 세상을 왜곡하지 않으면서 덜 감정적이며 좀 더 이성적인 사람이라고 설명했다. 이들은 또한 현실적인 목표보다 좀 더 이상적인 삶의 목표를 가지고 있으며, 자신이 선택한 과제를 잘 수행한다.

1. 자아실현을 이루었다고 여겨지는 사람들을 적어보라. 이들에게서 발견되는 공통점은 무엇인가? 당신이 영웅시하는 사람과는 다른가? 이런 구체적인 예들이 어떤 방식으로 매슬로의 이론을 지탱해주는가? 또 그 사람들은 매슬로가 말한 자아실현 모델과 어떻게 다른가?

2. 당신이 알고 있는 사람들의 성격을 생각해보라. 매슬로가 설명한 자아실현한 사람들의 특성에 따라서 볼 때, 당신이 알고 있는 사람 중에서 가장 자아실현이 되었다고 생각되는 사람은 어떤 사람인가? 설명하라.

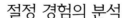

매슬로는 절정 경험은 사람들이 살면서 경험하는 매우 즐겁고 흥분된 순간이라고 설명했다. 절정의 느낌은 강한 사랑의 감정, 위대한 예술 작품이나 음악을 접했을 때나 숨이 막히게 아름다운 자연을 바라보았을 때 느끼는 감정, 완성된 절정의 느낌이다. 이러한 경험은 비극적인 사건을 경험하거나 오랫동안 병마에 시달리다가 회복되었을 때에도 느끼는 감정으로, 그렇게 흔한 감정은 아니며 최고의 절정 경험은 신비적인 종교적 체험과도 비슷하다.

　당신이 살아오는 동안 겪었던 절정 경험이 뚜렷이 있었다면 회상해보라. 그것은 기억 속에서 즐겁고 기쁘고 더없이 행복했던 순간일 것이다. 잠시 동안 편안하게 그 순간을 다시 경험해보라.

1. 그 경험을 하게 된 이유는 무엇인가? 그 상황에서 그런 경험을 촉발시킨 독특한 어떤 것이 있는가?

　　

2. 당신은 그때 어떻게 느꼈는가? 이때의 감정은 정서적으로, 신체적으로, 또는 지적으로 평소의 경험과 어떻게 다른가?

3. 그때 당신은 마치 자신이 아닌 것 같았고, 당신에게 세상이 다르게 보였는가?

4. 그 경험은 얼마나 지속되었으며 그 후에 당신은 어떻게 느꼈는가?

5. 그 경험은 당신의 의무수행이나 대인관계 등에 계속 영향을 미쳤는가?

6. 당신의 경험을 절정 경험과 인간 본성에 대해 설명한 매슬로의 이론과 비교해보라.

7. 당신의 절정 경험과 다른 이들의 절정 경험을 비교해보라. 공통점과 차이점을 살
펴보라. 그 차이점은 성격, 배경, 상황에 따른 것인가? 그 공통점은 매슬로의 개
념이나 일반적인 인간의 잠재력에 대해 무엇을 함축하고 있는가?

매슬로의 사랑은 이기적이지 않으며, 대가를 요구하지 않는 것이다. 사랑의 행위, 즉 사랑하는 대상의 아름다움과 본질을 맛보는 것 그 자체가 사랑의 대가이다. 우리는 일상생활 가운데서 종종 다른 어떤 것과 혼합된 사랑, 불충분한 사랑을 경험하며 보통은 사랑 자체를 경험하는 대신에 무엇인가를 주고받는 기대를 갖고 있다고 말하고 있다.

1. 아래의 작업은 순수한 사랑의 감정을 계발하고자 고안된 것으로 고대 기독교인들의 수련 방식에서 발췌했다.

　　우선 어두운 밤에 작은 촛불을 앞에 놓고 앉는다. 긴장을 풀고 조금씩 당신의 신체와 당신 주위의 것들을 느껴보라. 그리고 당신의 몸과 마음을 고요하고 평화롭게 가라앉힌다.

　　촛불을 응시하고, 촛불을 사랑하는 감정을 느끼면서 마음속에서부터 촛불로 사랑의 감정을 확산시켜보라. 불꽃에 대한 당신의 사랑은 불꽃의 가치에 대한 생각과는 무관한 것이다. 촛불 자체를 사랑하라. (무생물체인 단순한 불꽃을 사랑하려는 것이 처음에는 낯설게 느껴지겠지만 그것이 바로 핵심이다. 이 조건이야말로 되돌아올 것이 없는 조건에서의 사랑의 느낌, 즉 사랑을 느끼는 것 외에는 다른 보상이 없는 상황이기 때문이다).

　　사랑의 감정을 방 안 전체와 방에 있는 모든 것에까지 확대시켜보라.

매슬로는 인간에게는 다양한 욕구위계가 있다고 설명했다. 그 욕구들
은 생리적 욕구, 안전과 안정에 대한 욕구, 사랑하고 사랑받고 싶은
욕구, 자존감에 대한 욕구, 성장의 욕구, 자아실현의 욕구이다. 또한
기본 욕구는 하위 단계인 신체적 욕구가 채워진 다음에 채워질 수 있
다고 주장했다.

1. 지금 당신은 어느 단계의 욕구가 부족한가?

2. 기본 욕구를 충족시키는 과정은 성장과정이며, 성장은 항상 안전을 포기하는 것
   이라고 매슬로는 이야기한다. 당신은 현재 채워진 욕구 이상의 욕구를 채우기 위
   해 어떤 시도를 하고 있는가?

참고자료 ● ● ● ● ● ● ● ● ● ● ● ● ● ● ●

Goldstein, K. *Human Nature In The Light Of Psychology*. N. Y.: Schoken Books. 1940.

Grog, S. *Realms Of Human Unconscious*. N. Y.: Viking Press. 1975.

Huxley, A. *The Perennial Philosophy*. N. Y.: Harper & Row. 1944.

James, W. *The Varieties Of Religious Experience*. N. Y.: Random House. 1943.

Krippner, S. *The Plateau Experience: A. H. Maslow And Others*. Journal Of Transpersonal psychology, 1972, 4, pp. 107-120.

Maslow A. H. *Motivation and Personality*. 1st edition: 1954, 2nd edition: 1970, 3rd edition. 1987.

_____. *Religions, Values, and Peak Experiences*. Columbus, Ohio: Ohio State University Press. 1964.

_____. *Toward a Psychology of Being*. 1st edition. 1962: 2nd edition. 1968.

_____. *Toward A Psychology Of Being*. N. Y.: Van Nostrand. 1968.

_____. *Motivation And Personality*. N. Y.: Harper & Row. 1970.

_____. *The Farther Reaches Of Human Nature*. N. Y.: Viking Press. 1971.

_____. *Eupsychian Management*. Richard D. Irwin. 1965.

_____. *The Psychology of Science: A Reconnaissance*. New York: Harper & Row. 1966; Chapel Hill: Maurice Bassett, 2002.

_____. *The Farther Reaches of Human Nature*. Penguin, 1971.

Ornstein, R. *The Psychology Of Consciousness*. N. Y.: Viking Press. 1976.

Walsh, R. & Vaughan, F. *Beyond Ego: Transpersonal Dimensions In Psychology*. L. A.:: Tarcher, 1980.

로저스

Carl Rogers

로저스는 1902년 미국 일리노이 주의 매우 보수적이고 유복한 기독교 가정에서 6명의 자녀 중 넷째로 태어났다. 그의 부모는 기독교 신앙을 중시했으며, 매우 엄격한 가치관을 지녔고, 로저스는 그런 부모의 가치관을 내면화했다. 로저스는 운동이나 과격한 활동보다 책을 좋아했고, 책은 외로운 로저스에게 많은 통찰을 제공했다. 그가 인간관계의 의사소통에 대해서 깊은 관심을 가지게 된 것은 아마도 그의 어린 시절의 외로움 때문일 것이다. 험한 도시 생활이 로저스에게 나쁜 영향을 끼칠까봐 그의 부모는 시카고 서부의 큰 농장으로 이사를 했고, 농촌 환경은 로저스에게 자연과학에 대한 관심을 갖게 했다. 그는 그 당시 자신은 인간 사회 어디에도 소속감을 느끼지 못하는 매우 이상한 학생이었고, 인간관계를 피상적으로밖에 맺을 줄 몰랐다고 고백했다. 그는 위스콘신대학교에 입학한 후에 가족 이외의 사람들과도 친분을 쌓는 경험이 놀라웠다고 고백했다. 위스콘신대학교 재학 시절에 종교 활동에 깊이 관여했는데, 특히 그는 대학시절에 목사가 될 것을 결심해 당시 중국 북경에서 개최되었던 국제 기독학생연합회에 미국 대표 중 한 사람으로 참석했고, 처음으로 부모의 보수적인 기독교 신념으로부터 심리적 독립을 하게 되었다. 이는 그의 인생을 바꾸는 계기가 되었으며, 다양한 종교와 문화 특성을 지닌 외국인을 만나면서 그의 사상과 종교관이 보다 자유롭게 바뀌는 경험을 했다.

어린 시절의 친구와 결혼한 로저스는 뉴욕 콜롬비아대학교 사범대학원에서 심리학을 전공하면서 교회와 관련하지 않고도 사람을 돕는 일을 하면서 돈을 벌 수 있다는 사실을 깨닫게 되었다. 박사학위를 취득한 후 사회복지기관의 아동연구부서에서 상담을 시작했다. 로저스는 1940년 임상심리학 교수가 되었는데, 이 대학에서 그는 '비지시적 상담'을 발전시켰으며, 1945년에는 시카고대학교로 옮겨가서 상담센터를 설립해 1957년까지 소장을 역임했다. 이곳에서 그는 그의 임상 경험을 바탕으로 **내담자중심 치료**(Client-Centered Therapy, 1951)를 출간했다. 이를 계기로 '비지시적 상담'이라 불리던 그의 이론이 '내담자 중심 상담'으로 불리게 되었다. 그의 이론은 상담 영역에 지대한 영향을 끼쳤을 뿐만 아니라 교육학에도 많은 영향을 끼치게 되었다.

로저스는 인간이란 본질적으로 선하고 신뢰할 수 있으며, 무의식이나 과거의 경험에 의해 통제되는 존재가 아니라 의식적이며 합리적인 존재라고 주장했다. 또 사람의 성격은 그의 내적인 주관적 경험에 근거하기 때문에 그 사람의 관점에서만 이해될 수 있다는 현상학적 접근을 제시했다. 현상학적 조망이란 각 개인마다 경험하는 장場이 각 개인의 행위를 결정하므로, 대상이나 사건 자체보다 각 개인이 현실에 대해 지각하고 이해하는 것에 따라 행동양식이 결정된다. 따라서 상담에서는 치료사보다 내담자가 지각한 실재를 다루어야 한다. 또 로저스는 인간의 목표는 자아실현이고, 자아실현은 본래적인 것이라고 주장했다. 인간은 유기체이고 유기체는 자신을 유지하고 성장시키는 방향으로 모든 능력을 발달시키는 경향이 있기 때문이다. 로저스는 자율적 자기, 자신의 경험에 대한 의지, 자아실현의 가능성을 강조했는데 이러한 로저스의 이론도 어린 시절, 따뜻하고 평화로운 가족 환경에서 성장한 것과 밀접한 관계가 있다.

로저스는 유기체는 삶의 경험들이 자아실현의 경향성에 얼마나 도움을 주었는지를 지속적으로 평가해 가치를 매기며, 그 가치판단 과정에 따라 자아실현에 도움을 주는 경험들은 선택되고 그렇지 못한 것들은 피하게 된다고 주장한다. 어린아이들도 자신만의 가치 관념이 분명하다는 것이 로저스의 생각이다. 어린아이라도 자기통찰에 따라 행동을 스스로 선택하는데 거부당한 부정적 경험은 더 이상 선택하지 않으면서 자기를 확대하거나 자기실현을 한다. 자기실현 경향성은 삶의 중요한 동기로서 무엇이 되고자 하는 충동이자 자신의 능력을 표출하고자 하는 성향으로, 개인의 성장과 성숙을 추구한다. 자아실현의 경향은 신체적, 심리적 욕구를 모두 포함하고 있지만 신체적인 욕구에 더 치우쳐 있다. 이 경향성은 평생 지속되고, 자기 자신이 되어가는 과정이며, 개인마다 독특한 특성과 잠재력을 개발시켜 성숙에 이르게 하는 과정이다. 유기체의 신체기관들이 발달하는 과정이 이미 유전적으로 결정되어 있는 것처럼 자기실현의 경향성 역시 본래적으로 존재하며 자아실현을 위해서는 고통이 따르더라도 전력을 다해야 한다.

개인의 준거틀은 각 사람의 경험의 장으로서 현재의 경험, 우리가 자각하지 못하는 자극들, 과거의 경험들이 모여 만들어진다. 자기개념은 나 자신이 누구인지에 대한 그림으로 내가 어떠해야 하고, 어떻게 되었으면 하는 것으로, 로저스는 실제적 자기와 이상적 자기 간의 관계를 강조한다. 실제적 자기란 실제로 있는 그대로의 자기를 뜻하고, 이상적 자기는 자신이 그렇게 되었으면 하고 바라는 자기를 뜻한다. 실제적 자기와 이상적 자기 간에 차이가 클수록 문제가 발생한다.

긍정적 존중positive regard은 수용의 욕구, 사랑의 욕구, 다른 사람들로부터 인정받고자 하는 욕구를 충족시켜주는 필요조건이다. 특히 어머니의 유아에 대한 긍정적 존중은 유아의 자아실현 욕구를 촉진하기 위한 필요조건이다. 어머니의 사랑과 인정이 충분히 그리고 자유롭게 주어진다면 그것은 무조건적 긍정적 존중이며, 아이의 행동에 따라 주어지면 조건적인 긍정적 존중이 되어 버린다. 결국 자기개념은 타인으로부터 인정을 받느냐 못 받느냐에 따라 형성된다. 유아는 타인의 나에 대한 태도를 내재화하면서 자기도 자기에게 무조건적 혹은 조건적 긍정적 존중을 하게 된다.

로저스의 가치 조건은 프로이트의 초자아 개념과 맥을 같이 한다. 로저스의 가치 조건은 프로이트의 초자아와 마찬가지로 부모가 정의해준 것들에 대해 긍정적 가치를 부여하기 때문이다. 이렇게 되면 외부의 가치 조건에 따라 행동하게 되고, 이와 어긋나는 행동이나 지각은 위협감과 불안감이 발생하기 때문에 하지 않으려 한다. 결국 이 불안을 해결하기 위해 지각 체계의 어떤 측면들을 부인하거나 왜곡하게 되면서 자기개념, 행동, 그리고 지각 체계에 불일치가 발생하게 된다.

로저스의 이론에서 자아실현의 목표는 '충분히 기능하는' 사람으로 변화 성장하는 것이다. 충분히 기능하는 사람은 심리적으로 건강한 사람들로 자신과 환경을 있는 그대로 지각하고 자아실현을 자유롭게 추구하는 사람이다. 이들은 유기체의 경험을 총체적으로 자각하고, 방어하지 않고, 순간순간을 충만하게 살아간다. 또 유기체인 자기를 충분히 신뢰하고, 삶을 살아내는 힘을 지니고 있고, 동시에 자발성과 함께 창조성을 발휘한다.

로저스는 자기보고서에 드러난 그 사람만의 주관적 경험에 의거해서 성격진단을 실시한다. 특히 로저스는 사람들과 얼굴을 맞대면 하는 소위 '참 만남' 집단을 통해서 충분히 기능하는 사람으로 성장할 수 있다고 보았다. 참 만남 집단은 비구조화된 집단상담으로 지도자는 단지 참가자들이 자유롭게 자신을 표현하고, 자신을 경험하고, 다른 사람들이 자기를 어떻게 지각하는지를 경험할 수 있는 환경을 제공한다. 집단의 치유능력에 따라 참가자들은 위장을 벗고 다른 사람과 참 만남을 경험하고 또 자기와도 참 만남을 할 수 있게 된다. 로저스는 개인상담보다 집단상담을 통해 치유가 효과적으로 이루어지는 것을 경험하고 후기에는 집단상담에 주력했다.

현상학적 입장에 있는 로저스는 사람들의 주관적 경험이 실재이기 때문에 그 사람이 지각하는 의식적 차원에서의 내적 경험이 중요하다고 보았다. 로저스는 과학적인 실험연구를 통한 성격구조에 대한 연구보다 내담자-상담자 간의 상호작용 과정을 연구했다. 또한 Q-sort 기법을 사용해 실제적 자기와 이상적 자기의 불일치를 찾아내고자 했는데 이 테스트의 유용성이 상담과정에서 확인되곤 했다. 연구에 의하면 어머니가 자기수용을 잘할수록 자녀들도 역시 잘 수용하는 것으로 드러나고 수용도가 자녀양육 태도에 영향을 끼친다는 것이 확인되었다.

로저스의 인간중심 상담 목표는 내담자의 자아개념과 유기체의 경험 간의 불일치와 개인이 느끼는 자아에 대한 위협과 그것을 방어하려는 방어기제를 제거해 충분히 기능하는 사람이 되도록 하는 데 있다. 상담자는 상호 신뢰적인 분위기를 내담자에게 제공해 내담자가 안전하게 자기노출을 하고, 그런 과정을 통해 자기의 내면세계와 자신의 문제를 알 수 있도록 도와야 한다. 이와 같은 관계가 유지되면 내담자는 자신이 처한 환경에 대한 왜곡된 지각을 수정하고, 현실적 경험과 자아개념 간의 조화를 이루며, 자신을 더욱 신뢰하게 된다. 이런 과정을 통해 자신의 능력과 개성을 최대한으로 발휘해 자아실현을 촉진하게 되면서 충분히 기능하는 사람으로 성장한다.

로저스의 이론 역시 그의 긍정적이고 편안한 성장과정과 연결되어 있다. 그의 이론은 병리적이고 부정적인 것에 초점이 맞추어졌던 심리치료분야에 잠재적 능력을 발휘하는 데 필요한 환경의 필요성에 초점이 맞추어졌다. 매슬로와 함께 그의 방법론은 인간의 잠재적 능력에 초점을 맞추었기 때문에 정신분석의 영향에서 벗어나지 못하던 상담분야에 많은 긍정적 영향을 끼쳤다. 그의 내담자 중심의 상담 기법은 모든 상담자들이 익혀야 할 기본적 기법이라고도 할 수 있다. 한편 로저스의 이론은 자아실현에 대한 정의, 무의식의 영향에 대한 인식, 자기보고식 테스트에서 내담자가 왜곡해서 대답했을 가능성을 간과했다는 데서 비판을 받고 있다. 그러나 그가 풍기는 외모나 무조건적 수용의 상담 태도와는 달리 그는 매우 과학적인 연구를 많이 한 성격이론가로 평가받고 있다.

실제 자기와 이상적 자기

로저스는 자기란 조직화되고 일관성 있는 게슈탈트로서 장field의 변화에 따라 새롭게 형성되고 또 재형성된다는 현상학적 입장을 취했다. 로저스는 건강한 자기를 형성하기 위해서는 장을 정확하게 파악하고, 그 상태를 편안하게 느낄 수 있어야 정신적으로 건강하다고 보았다. 어린 시절에 유아가 경험하는 것에 대해 무조건적 긍정적 존중을 해줄 때 자기 경험을 수용하게 되고, 자기 경험을 수용할 때 자기를 수용할 수 있게 된다. 그렇지 않으면 실제 자기real self와는 다른 이상적 자기ideal self를 발달시킨다.

이상적 자기와 자신을 동일시하게 되면 결국 실제 자기는 소외되어 자기 자신을 온전하게 경험하지 못한다. 이렇게 되면 자신을 위한 삶을 살지 못하고 다른 사람이 인정하는 방향대로 살게 된다. 이런 과정을 거쳐 결국 자기 자신을 잃어버리게 된다고 로저스는 설명한다.

146페이지의 형용사는 많은 성격 특성의 표본 중에서 몇 개를 수집한 것이다. 실제 자기에 해당하는 수식어라고 여겨진다면 [실제의 나] 칸에 동그라미를 표시한다. 이 특성들은 당신이 나 자신이라고 알고 있는 것들을 반영하며 다른 사람들이 나를 어떻게 보는지와는 무관하다.

[타인이 보는 나] 칸은 다른 사람들이 나를 어떻게 보는지에 대한 것으로, 여기서는 당신을 아는 다른 사람들이 당신이라고 말하는 특성들만을 골라 표시한다. 마지막으로 [이상적인 나] 칸에는 최상의 나를 나타낸다고 생각하는 특성들을 표시한다.

표시를 다 했다면, 각 3개의 칸에 서로 다르게 표시되어 있는 것만 골라보라. 이는 당신의 삶에 있을 수도 있는 부조화된 영역을 나타내는 것이다. 동그라미가 많거나 적은 것은 그리 중요하지 않다. 이 작업을 통해 극히 소수의 사람들만이 세 영역 모두에서 조화롭다는 것을 발견하게 될 것이다.

형용사	실제의 나	타인이 보는 나	이상적인 나
유쾌한			
고집 센			
수다스러운			
책임감 있는			
멍한			
덜렁거리는			
인기 있는			
속물인			
솔직한			
정직한			
흥분 잘하는			
미성숙한			
용감한			
자기연민의			
야심찬			
조용한			
개인주의적			
진지한			
다정한			
성숙한			
예술적인			
지적인			
유머가 있는			
이상주의적			
이해심 많은			
따뜻한			
편안한			
감각적인			
섹시한			
활동적인			
사랑스러운			
이기적인			
빈틈없는			
애정 어린			

자기 : 이상적 자기

1. 이상적인 자기 모습에 도달하지 못하는 당신의 단점과 결점, 그리고 한계를 직접적 표현으로 적어보라. (예 : "나는 3kg이나 평균체중을 초과한다.", "나는 수학을 도통 이해할 수 없다.")

....

....

....

2. 실제 자기와 이상적 자기 사이에 일치하지 않는 부분을 다시 적절하게 적어보라. (예 : "나는 평균체중보다 3kg 정도 덜 나간다.", "나는 수학 박사는 아니지만 내가 생각하기에도 수학을 참 쉽게 배우고 배운 것을 응용해서 잘 푼다.")

....

....

....

3. 이제 자신의 이상적 자기를 평가해보라. 자신의 이상적 자기 모습이 좀 지나치다고 생각하지 않는가? 자신이 가지고 있는 이상적 자기의 모습을 조정해야 할 필요가 있다고 생각하는가? 그렇다면 그 이유를 말해보라.

....

....

....

경청과 이해

이 작업은 로저스가 타인에 대한 이해의 질을 평가하기 위해 제안한 것이다. 아내나 친구, 누군가와 말다툼을 하게 될 때 잠시 말하는 것을 멈추고 다음과 같은 규칙을 적용해보라.

> 앞서 말한 사람의 말을 잘 듣고 난 후, 그 사람의 생각과 감정을 다시 정리해서 피드백해준 다음에 자신의 말을 한다.

이는 당신의 관점을 제시하기 전에 다른 사람의 준거틀을 이해하는 것이 필요하다는 것을 말한다. 상대방의 생각과 감정을 이해한다면 그것을 요약할 수 있다. 매우 간단한 것처럼 들리지 않는가? 하지만 막상 당신이 이 작업을 시도해본다면 아마도 가장 어려운 일 중 하나임을 발견할 것이다. 타인의 관점을 이해할 수 있다면 대화는 극적으로 바뀔 것이며 의견차이가 줄어들고, 다른 차이점들 역시 더 합리적으로 이해할 수 있게 될 것이다.

함께 작업할 동료를 선택해서 두 사람 중 한 사람은 상담자가 되고 다른 한 사람은 내담자가 되어 대화를 나눈 다음에 역할을 바꾸어 같은 작업을 실시해보라.

내담자는 누군가에게 속았었거나, 부당하게 또는 불친절하게 비난당한 경험으로 인해 힘들었던 사건을 치료사에게 이야기해보라.

상담자로서 당신은 들은 것을 이해하려고 노력해야만 한다. 그래야 들은 것을 되돌려줄 수 있다. 경청한 것을 다시 말해주어야 당신이 들은 것을 제대로 이해했는지를 확인할 수 있다. 상담자로서 당신은 옳고 그름을 밝히려는 것이 아니니 충고하려 하거나 위로하거나 비난하지 않아야 한다. 내담자가 말한 것과는 무관하게 그 사람을 별개의 한 인간으로서 계속 대하도록 노력해야 한다.

이것은 어려운 훈련이다. 판단하게 되고, 유감이라 느끼고, 내담자로 인해 혼란스럽고, 의견을 제시하고 싶어지는 때를 주목해보라. 이와 동시에 동정하고 싶거나 긍정적으로 강화를 주고 싶은 것을 참기 어렵다는 것도 경험할 수 있을 것이다.

이렇게 행동하는 것처럼 꾸미는 게 쉽다고 생각할 수도 있지만 그보다는 실제적인 감정을 깨달을 수 있도록 노력해보라.

역할을 바꾸어서 해보면 내담자로서의 당신은 자신이 말하는 것을 누군가 들어주는 것에 대한 효과를 체감할 수 있다.

이것은 도전적인 훈련으로서 내담자나 상담자 역할을 하는 모두에게 쉽지만은 않을 것이다. 이 훈련은 로저스가 제안한 효과적인 상담, 치료를 위한 가장 중요한 기법을 경험해보는 작업이다. 연습을 하는 동안 느낀 점을 적어보라.

참고자료 ● ● ● ● ● ● ● ● ● ● ● ●

Egan G. Encounter. *Group Processes For Interpersonal Growth*. CA. Monterey: Brooks/Cole. 1970.

Rogers, Carl. *Clinical Treatment of the Problem Child*. Houghton Mifflin. 1939.

_____. *Counseling and Psychotherapy: Newer Concepts in Practice*. Houghton Mifflin. 1942.

_____. *Client-Centered Therapy: Its Current Practice, Implications and Theory*. Boston: Houghton Mifflin. 1951.

_____. *A Theory of Therapy, Personality and Interpersonal Relationships as Developed in the Client-centered Framework*. In (ed.) S. Koch, Psychology: A Study of a Science. Vol. 3: Formulations of the Person and the Social Context. N. Y.: McGraw Hill. 1959.

_____. *On Becoming a Person: A Therapist's View of Psychotherapy*. London: Constable. 1961.

_____. *Freedom to Learn: A View of What Education Might Become*. (1st ed.) Columbus, Ohio: Charles Merill. 1969.

_____. *On Encounter Groups*. New York: Harrow Books. Harper and Row. 1970.

_____. *The Man And His Ideas*. N. Y.: Dutton. 1975.

_____. *Carl Rogers On Personal Power*. N. Y.: Dell. 1978.

_____. *A Way Of Being*. Boston: Houghton Mifflin. 1980.

Rogers, Carl. & Stevens, B. "Person to Person: The Problem of Being Human". Lafayette, CA: Real People Press. 1967.

Rogers, Carl R. (1985). *The necessary and sufficient conditions of therapeutic personality change*. "Journal of Consulting Psychology", 2:95−103.

Rogers, Carl, Lyon, Harold C., & Tausch, Reinhard. On Becoming an Effective Teacher-Person-centered Teaching, Psychology, Philosophy, and Dialogues with Carl R. Rogers and Harold Lyon. London: Routledge. 2013.

올포트
Gordon Allport

올포트는 네 아들 중 막내로 미국 인디애나 주에서 태어났으며 여기저기 이사를 다니다가 6세 때 겨우 오하이오 주에 가족이 정착하게 되었다. 아버지는 의사였으며, 그 당시 병원이 부족하던 사회적 환경 때문에 개원한 병원이 곧 집이었다. 그래서 올포트 형제들은 환자, 간호사, 병원 기계들에 둘러싸여 자랐다. 어머니는 학교선생님이었으며 검소하고 일을 열심히 하는 청교도적 윤리관을 자녀들에게 지킬 것을 요구했다. 올포트는 하버드대학교에 장학생으로 입학했는데 그의 형도 하버드대학교의 심리학 박사과정에 있었다. 학교 생활을 하던 중에 보스턴 지역의 어린 학생들과 외국학생들을 돌보고 교도소에서 자원봉사를 했다. 터키에서 1년간 학생들을 가르치다 다시 학교로 돌아와 1922년에 심리학 박사학위를 취득했다. 그 당시 올포트는 1924년부터 2년간 미국에서 처음으로 성격심리학을 가르쳤다. 그는 임상심리학자인 부인과 결혼해 아들을 하나 두었으며, 그 아들도 후에 소아과 의사가 되었다. 그는 잠깐 다트머스대학교에서 가르친 것 외에는 은퇴할 때까지 하버드대학교에서 교편을 잡았다. 그의 네 번째 저서인 편견의 본질(The Nature of Prejudice, 1954)은 제2차 세계대전 후의 피난민들과 일을 하면서 얻은 통찰의 결과였다. 그는 다섯 번째 저서인 성격심리학의 기본(Becoming: Basic Considerations for Psychology of Personality, 1963)으로 American Psychological Foundation으로부터 골드메달 상을 받았다. 그 후 올포트는 미국심리학회로부터 최고 학자 상을 받으며 70세에 세상을 떠났다. 이와 같이 올포트는 성격이론을 과학적 심리학의 주류에 포함시키는 데 큰 기여를 했다.

올포트는 프로이트와는 달리 무의식 대신에 의식에 초점을 맞추고, 성격은 과거보다는 현재와 미래에 의해 이끌어진다고 주장하며, 병리적인 사람보다는 정상적인 범주에 속한 사람들에 초점을 맞추어 연구했다. 그는 개인 성격의 특유성, 곧 특질traits을 강조했다. 프로이트와의 만남에서 좋지 않은 경험을 한 올포트는 무의식의 중요성을 무시했는데 이는 프로이트로부터 무시당한 것을 무의식적으로 되갚아준 것이라고도 볼 수 있다. 그는 기능적 자율성의 개념에서 설명하듯이 어른이 되어서 갖게 되는 동기와 관심은 어린 시절에 갖게 된 동기와 관심과는 별개의 것이라고 주장했다.

올포트는 성격이란 행동이나 사고를 특징지어주는 심리와 신체에 존재하는 역동적 조직체라고 정의했다. 성격은 항상 변화하고 모든 행동과 사고를 결정짓는다. 성격은 타고난 것과 환경으로부터 오는 것이지 어린 시절의 경험만으로 형성되는 것은 아니다. 성격적 특질은 여러 자극들에 똑같거나 혹은 비슷한 방식으로 일관적으로 반응하게 한다. 이러한 특징들은 실재하는 것으로 행동의 원인이 되기도 하고 경험적으로 드러나 보이기도 한다. 그러나 성격적 특질들이 서로 분명하게 나누어지는 것은 아니다. 성격적 특질에는 개인적인 것과 공통적인 것이 있다. 개인특질individual traits은 개인에게만 있는 독특한 것이고, 공통특질common traits은 많은 사람들이 공유하는 것이다.

습관은 특질보다는 어떤 자극에 특정한 반응을 하는 것이고, 태도는 특질과는 달리 어떤 것에 대해 좋거나 싫은 판단을 하는 것이다. 특질에는 세 수준의 성향이 있는데 기본성향cardinal특질은 거의 모든 생활에 영향을 미쳐 강력하게 개인의 행동을 지배한다. 중심성향central의 특질은 비교적 보편적이고 일관된 영향을 끼치는 것으로 한 개인을 기술할 때 사용하는 특성이다. 마지막으로 이차성향secondary disposition의 특질은 개인에게 가장 영향을 적게 주는 특질로 덜 분명하게 보이고 앞서 말한 두 가지 종류의 특질보다 덜 두드러지며 일관성이 적다.

동기의 기능적 자율성functional autonomy of motives이란 과거의 동기와는 상관없이 정상적인 성인이 갖게 되는 동기를 말한다. 기능적 자율성에는 두 차원이 있는데 지속적으로 유지되는 중독적인 것과 반복적인 신체 움직임과 관심, 가치, 태도, 의도, 삶의 스타일, 자기이미지 등과 같이 성격의 핵심과 관련된 적절한 기능적 자율성이 있다. 기능적 자율성의 동기와 관련되지 않은 것들은 신체적 욕구, 반사적 행동, 지적능력, 체질, 습관, 일차적 강화에 의존한 행동들, 유아적 고착, 신경증, 승화 등이 있다. 적절한 기능적 자율성은 새로운 관심과 동기를 가질 수 있도록 남아 있는 에너지를 모아주고, 과업을 효과적으로 잘 수행하도록 동기를 부여해 과제를 잘 터득하고 능력을 발휘하게 하고, 성격의 통합과 일관성을 잘 이루어 적절한 형태를 이루게 해준다.

동기의 기능적 자율성이란 단순한 개념으로서 동기란 정상적이고 성숙한 성인에게는 과거의 경험에 관계해 발생하는 것이 아니라 이미 그 상황과는 독립되어 자율적으로 존재한다. 동기의 기능적 자율성에는 두 가지 차원이 있는데 보전적 기능의 자율성, 즉 습관된 행동에 내재되어 있는 저차원의 동기와, 그 사람의 가치나 자기이미지 또는 삶의 스타일 등에 관련된 동기의 중심을 이루는 소유자의 동기가 있다. 가령 청년이 가난을 벗어나고자 열심히 일한 결과 더 이상 돈을 벌 필요가 없을 정도로 재산을 모았다고 가정할 때, 그럼에도 불구하고 계속 열심히 일을 한다면 그가 일을 하는 동기는 청년시기에 가난을 이기기 위해 일했던 동기와는 다른 동기인 것이다. 즉 처음에는 돈 버는 것을 동기로 일을 했으나 이제는 돈을 벌고자 하는 동기는 사라지고, 처음 가졌던 목표가 다시 새로운 동기가 되어 열심히 일하게 되었다는 것이다.

유아시기에는 성격이 거의 형성되어 있지 않고, 추동에 의해 반사적으로 작동한다. 그러나 성장하면서 충분한 사랑과 안전감을 얻게 되면 점점 유아적인 동기에서 성인의 동기가 형성된다. 만일 그렇지 못하면 유아 수준의 추동과 갈등의 수준에서 지속적으로 기능하게 된다. 성숙한 사람은 자기로부터 타인에게로 확장되어 다른 사람과 따뜻한 관계를 맺고, 정서적 안전감을 가지며, 현실적인 지각을 하고, 기술을 발전시키면서, 일에 적극적으로 참여하고 자기를 객관화할 수 있고, 삶의 철학을 통합할 수 있다.

고유자아, 혹은 자아감proprium은 자기 혹은 자아이며, 유아기부터 청소년기까지 7단계를 거쳐 발달된다. 처음에는 신체적 자기를 의식하기 시작하며, 점점 자아정체감을 형성해가고, 자신의 성취에 대해 자랑스러워하는 자아존중감을 갖게 된다. 그다음 자아확장을 통해 자신이 세계에 속한 일부라는 것을 깨닫게 되며, 자신에 대한 실재적이며 이상화된 자아상을 발달시킨다. 더 나아가 이성과 논리를 적용하기 시작하면서 합리적 적응체로서의 자아를 형성하고, 마지막 단계인 청소년기에는 인생의 장기목표 및 계획을 형성하는 등 고유자아 추구를 한다.

올포트에 의하면 인간은 어린 시절에 머물러 있는 존재가 아니라 의식적으로 삶을 통제하며 살 수 있고 자기가 원하는 삶의 스타일을 창조적으로 디자인하며 타고난 본래적인 자율성, 개체성, 개성을 통해 성장할 수 있는 존재이다. 성격이란 일부분은 유전적 배경, 어린 시절의 경험에 의해 형성되지만 경험과 학습으로부터도 영향을 받는다. 성격의 핵심은 특질이며, 특질은 궁극적 목표를 세우고 그 목표를 이루기 위해 새로운 자극과 도전을 찾아가는 행동을 유발하는 결정경향성을 띠고 있다.

올포트의 이론은 그의 연구가 정상적인 사람을 대상으로 이루어졌다는 비판과, 기능적 자율성 개념은 검사가 어렵다는 취약점이 제기되었다. 또한 어린 시절의 영향과 성인의 성격을 분리하는 데 문제가 제기되고, 성격에 영향을 주는 사회적 환경 등을 지나치게 간과했다는 비판을 받고 있다.

공통특질과 개별특질

올포트는 성격을 형태론적으로 이해하기보다는 성격적 특질을 살펴보아야 한다고 주장하는 특질론자의 기수라고 할 수 있다. 특질이란 그 사람의 행동을 지속적으로 이끌어주는 그 사람만의 고유한 특성 common traits이나 기질을 말한다. 올포트는 기질에는 사회적 문화와 환경에 의해 형성되는 공통특질과 개인 고유의 개별특질individual traits이 있다고 보았으며, 여기서 특질은 사람의 행동을 이끄는 역할을 하는 습관이나 태도와는 구별된다.

1. 자신의 출생지를 적어보라.

2. 자신이 출생지의 특성을 소유하고 있는 것은 무엇이라고 생각하는가?

3. 또 자신의 출신 지역(경상도, 충청도 등)에 따라 소유하고 있는 공통특질은 무엇이라고 생각하는가?

....

....

4. 이것과는 달리 자신만의 고유한 개별특질은 무엇이라고 생각하는가?

....

....

....

기본성향, 중심성향, 이차성향

올포트는 개인의 특질적 성향도 기본성향, 중심성향 및 이차성향으로 나누고 있다. 기본성향은 성격의 거의 모든 측면에 큰 영향을 끼치는 것으로 개인의 행동을 강력하게 지배하며, 중심성향은 비교적 보편적이고 일관된 영향을 끼치는 것으로 성격의 우세한 특징들과 경향들을 형성하고 있다. 마지막으로 이차성향은 개인에게 영향을 가장 적게 주는 특질로 성격의 주변부에서 기능하는 것을 말한다.

1. 자신의 기본성향, 즉 주된 특질은 무엇이라고 생각하는가?

2. 자신의 중심적인 특질은 무엇이라고 생각하는가?

3. 자신의 이차특질은 무엇이라고 생각하는가?

동기의 기능적 자율성

올포트는 성격을 이해하기 위해 현재의 성격에 초점을 맞춘 것처럼, 동기를 설명하는 데 있어서도 과거에 가졌던 동기보다 현재 그 사람을 움직이고 있는 동기에 중요성을 부여했다. 즉 그가 말하는 동기의 기능적 자율성이란 단순한 개념으로서, 동기란 정상적이고 성숙한 성인에게는 과거의 경험에 관계해 발생하는 것이 아니라 이미 그 상황과는 독립되어 자율적으로 존재한다는 것이다. 다시 말해서 아이들이 성장해서 부모로부터 독립하는 것과 같이 동기도 원래의 상황에서 독립되어 그 자체로 활동한다는 것이다.

1. 당신은 열심히 정열을 쏟으면서 하는 일이 있는가? 그 일을 열심히 한 동기가 당신의 어렸을 적의 삶과 어떤 연관이 있는가? 더 나아가 지금 그 일을 열심히 하는 목표가 무엇인지를 생각하고 그것이 어렸을 적의 목표와 어떻게 다르게 변했는지 적어보라.

올포트는 인간의 모든 행동이 그 사람의 독특한 개체성을 표현하는
분명한 증거라고 말했다. 예를 들어 필체, 낙서, 몸짓, 걸음걸이까지
모든 것이 그 사람을 나타내는 표현방법이라고 보았다. 표현행동은
무의식적인 것으로, 환경을 통제하기 위해서 대처하는 행동과는 다르
며 개인의 더 깊은 심층적인 성격구조와 특질들을 아무 목적 없이 드
러내는 것이라고 보았다.

1. 가까운 친구나 지인 셋을 선택해 그들의 걸음걸이, 말하는 모습, 글씨체 등을 살
   펴보고 그러한 것들이 그들의 어떤 특질을 대표하고 있는지를 설명해보라.

----

2. 수업시간에 두 강사를 선택해서 그들의 표현행동을 찾아내 비교해보라. 그 표현
   행동들을 통해 강사들의 특질적인 성격을 추정해보라.

----

3. 당신 자신의 모습을 비디오에 담거나, 말하는 것을 녹음해 재생해보고 자신의 표현행동이 드러내는 특질에 대해 설명해보라.

....

....

....

....

올포트는 프로이트와 달리 초기 유아기의 경험이 성격 형성에 그다지 큰 영향을 끼치지 않으며, 생후 6개월이 지나서야 욕구들이 동기화되고 차차 기본적인 정서적 특성들을 드러내기 시작한다고 주장했다. 그는 자기 혹은 고유자아를 일곱 가지 측면 — 신체적 자기의식, 자아정체감, 자아존중감, 자아확장, 자아상, 합리적 적응체로서의 자아, 고유자아 추구 — 으로 나누고 있다.

1. 올포트의 발달 단계와 프로이트의 발달 단계의 차이점에 대해 의견을 나누어 보라.

참고자료 ● ● ● ● ● ● ● ● ● ● ● ● ●

Allport, G. *Becoming: Basic Considerations For A Psychology Of Personality*. New Haven: Yale University Press, 1955.

_____. *A History Of Psychology In Autobiography*(Vol. 5). N. Y.: Appleton Century Crofts, 1961.

_____. *Pattern And Growth In Personality*. N. Y.: Holt, Rinehart & Winston, 1961.

_____. *Studies in expressive movement* (with Vernon, P. E.). N. Y.: Macmillan. 1933.

_____. *Attitudes, in A Handbook of Social Psychology, ed.* C. Murchison, (1935). Worcester, MA: Clark University Press, 789 – 844.

_____. *Personality: A psychological interpretation*. New York: Holt, Rinehart, & Winston. 1937.

_____. *The Individual and His Religion: A Psychological Interpretation*. Oxford, England: Macmillan, 1950.

_____. *Letters from Jenny*. N. Y.: Harcourt Brace Jovanovich. 1965.

_____. *Becoming: Basic Considerations for a Psychology of Personality*. New Haven: Yale University Press. 1955.

_____. *The Nature of Prejudice*. MA : Addison–Wesley Pub. Co. 1954; 1979.

_____. *The Nature of Personality: Selected Papers*. Westport, CN: Greenwood Press. 1950; 1975.

_____. *The Person in Psychology*. Boston: Beacon Press. 1968.

_____. *Pattern and Growth in Personality*. Harcourt College Pub. 1961.

_____. *Personality & social encounter*. Boston: Beacon Press. 1960.

Maddi, S. R. & Costa, P. T. *Humanism In Psychology: Allport, Maslow And Murray*. N. Y.: Aldine Atherton, 1972.

위니컷

D. W. Winnicott

정신분석학에서 중요하게 여기는 통찰 중심의 치료 방법론에서 점차 실존주의와 생애 초기의 대상이미지, 대인관계를 중요하게 여기는 방향으로 성격이론의 방향이 흘러갔다. 대상관계이론가로는 설리반Harry Stack Sullivan, 프롬Erich Fromm, 호나이Karen Horney, 톰슨Clara Thompson, 윌Otto Will, 라이히만Frieda Fromm-Reichmann, 설즈Harold Searles 등이 있고, 특히 이들은 영국을 비롯해 유럽에서 활발하게 활동했다. 라이히만은 환자는 설명이 아니라 경험이 필요하다고 주장했다. 그는 병인은 인지적 차원의 경험보다 더 이전의 경험에서 비롯되었다고 보았다. 따라서 병인을 치료하기 위해서는 정신분석의 해석적 치료 방법보다 경험적 접근법이 필요하다고 주장했다. 대상관계 학자들도 부모가 자녀에게 적절한 사랑과 돌봄을 베풀고, 자녀를 부부갈등에 끌어들이지 않으면 자녀는 독립적이고 통합적인 자기를 형성할 수 있다는 입장을 취했다. 이들의 주장은 어린 시절의 부모와의 관계경험으로부터 내사된 것들이 성인이 되어서도 내면에 그대로 남아 작동하기 때문에 사람들의 심리적 문제를 해결하기 위해서는 이 시기의 잘못된 부모와의 관계를 해결해야 한다는 것이다.

현대 심리치료 이론의 한 학파인 대상관계 심리치료는 다양한 학자들에 의해서 형성되었다. 클라인Melanie Klein, 말러Margaret Mahler, 페어베언W. R. D. Fairbairn 등 많은 대상관계학자들이 있지만 이들의 특징은 인간은 기본적으로 대상(자기를 돌보는 사람들)과 관계를 맺고자 하는 욕구를 지닌 존재라는 관점이다. 이들은 생애 초기에서부터 3세 사이의 어머니와의 연결과 분리의 심리적 발달과정을 세밀하게 설명했다. 특히 클라인, 페어베언은 아기가 젖 먹는 생리적 욕구보다 젖 먹는 과정의 따뜻한 경험이 애착 형성에 중요하며, 이 관계경험의 대상을 이미지로 내면화하고 이 내면화한 이미지는 성인이 되어서도 유지된다고 주장했다. 많은 대상관계이론 및 임상방법론을 제시한 학자들 중에서 소아정신과 의사인 위니컷은 프로이트와 융 이후에 가장 대중적인 사랑을 받는 심리학자로 인정받고 있다.

위니컷은 상인이었던 아버지 밑에서 1924년에 플리머스에서 태어났다. 그의 아버지는 생각이 자유로웠으며 위니컷의 창조성을 지지해주었다. 그의 가족환경은 번창했고 행복해보였지만 위니컷 자신은 우울증 증세가 있던 어머니로부터 억압당했다고 느끼면서 성장했다. 그는 두 여동생과 함께 항상 보모의 돌봄을 받고 자랐으며, 우울했던 어머니를 지키기 위해 애를 쓰며 성장했다. 그는 사춘기 때 어머니의 어두운 측면을 지키기 위해 스스로 착한 사람이 되어야만 했다고 자신의 사춘기 시절을 회고했다. 이러한 자각은 후에 문제아들에 대한 관심을 갖게 했다. 다윈에게 관심을 가졌던 위니컷은 처음에 생물학을 공부했으나 부러진 목뼈를 치료받으면서 의사가 되기로 결심했다. 그는 처음에는 케임브리지대학교에서 교편을 잡았으나 곧 의과대학에 들어갔고 제1차 세계대전 때문에 해군에 군의관으로 입대했다. 그는 후에 의사 훈련을 받았으며, 그 당시 환자들을 대하면서 쌓은 기술은 정신분석가로서의 기본을 형성하게 되었다. 그 후 의학을 공부하고 소아과를 전공했다. 40년간 소아과 진료를 하다가 점차 소아정신과에 관심을 가지고 자신의 독특한 이론과 방법론을 형성했다.

그의 첫 번째 결혼생활은 불행했다. 성장과정에서 우울한 어머니의 정서를 돌보았던 위니컷은 정서불안장애를 갖고 있던 부인과 결혼해 심장병까지 얻게 되고 결국은 이혼으로 끝났다. 두 번째 결혼을 한 다음에야 비로소 심리적 안정을 찾게 되었다. 그는 수많은 어린아이들, 청소년들뿐 아니라 정서장애가 있는 성인 환자도 치료했다. 그는 임상경험을 바탕으로 유아의 발달과정에서 환경, 특히 유아를 돌보는 어머니가 제공하는 환경의 중요성을 강조했다. 이는 클라인Melanie Klein이 본성을 강조하는 것과 충돌하게 되었고, 결국 클라인과는 결별하게 되었다.

그의 첫 번째 책은 1931년에 출판되었으며, 그 후의 책들은 모두 1944년 이후에 출판되었다 ― 헌신적인 엄마와 아기(The Ordinary Devoted Mother and Her Baby, 1949), 아이와 가족(The Child and the Family, 1957), 놀이와 현실(Playing and Reality, 1971), 안아주기와 해석 : 분석의 파편들(Holding and Interpretation: Fragment of an Analysis, 1986)을 마지막 저서로 위니컷은 1971년에 사망했다.

위니컷의 이론은 매우 임상적이며 프로이트와 클라인의 계열에 서 있으면서도 그들의 의학적인 분위기와는 달리 밝고 긍정적이며 창조적인 면을 강조했다. 위니컷이 쓴 글들은 전문적이며 영감이 넘치기도 하지만 마치 시詩처럼 갑자기 의미가 비약되는 특성이 있어 그의 글을 읽는 독자들을 때로 어리둥절하게 만들기도 한다. 이렇게 그의 아동에 대한 관심, 유아기 양육의 중요성, 놀이의 중요성, 그리고 창조성은 그의 부모의 영향을 받았음을 명백하게 보여준다.

갓 태어난 아기는 자기와 세상을 분리하지 못한다. 자기의 생리적 욕구가 충족되는 것도 자기가 상황을 그렇게 만들었다고 받아들인다. 이렇게 완벽한 돌봄의 경험을 통해서 아기는 자기애적 전능감을 느낀다. 따라서 이 시기에는 엄마가 아기의 모든 욕구를 완벽하게 채워줄 수 있는 일차적 모성 몰두가 필요하다. 그러나 갓난아기가 성장하면서 엄마의 일차적 모성 몰두는 점점 줄어들게 된다. 점차 아기는 엄마와 육체적·심리적으로 분리되면서 대상에 대한 의존도가 줄어들게 된다. 위니컷은 완벽한 모성 몰두가 줄어들어야 아기가 자기애적 전능환상에서 벗어날 수 있다고 했다. 즉 아기를 돌보는 대상은 처음에는 아기에게 몰두하는 일차적 모성 몰두가 필요하고, 그 후에는 충분히 좋은 엄마good-enough mother의 양육이 오히려 건강한 양육이라고 보았다.

위니컷은 아기를 따뜻하게 돌보기보다 자기상실감을 느끼게 하는 심리적으로 성숙하지 못한 엄마를 (쿡쿡)찌르는 엄마impinging mother라고 이름을 붙였다. 이런 엄마는 엄마 자신이 자기애적인 욕구에 사로잡혀 있기 때문에 아기에게 진정한 관심과 사랑을 제공할 수 있는 거울

역할 대신 오히려 자신의 기분과 감정변화에 따라 아기를 대하게 된다. 이런 엄마는 반대로 아기가 자기를 좋아하고 사랑해줄 것을 요구하기 때문에 아기에게 거울역할을 요구하며, 아기의 욕구에는 무심하게 된다. 아기는 자신의 욕구가 무시되는 경험을 하면 생명력이 저하되고 활기가 떨어지게 된다. 또 자기가 가치 있는 존재라는 느낌은 사라지면서 내면이 텅 빈 것처럼 느끼게 된다. 이런 과정이 반복되다 보면 참자기는 속으로 숨어들고 대신 무정하고 살벌하게 느껴지는 환경에 적응하는 데만 몰두하기 시작한다. 이런 과정을 통해 거짓 자기를 형성하게 되고 외부 요구에 쉽게 순응하며, 순응의 삶 뒤에는 병리적인 요소가 인격 깊숙이 자리 잡게 된다.

완벽한 엄마 역할을 하려는 엄마는 아기에게 본 모습이 아닌 자신이 갖고 있는 이상적인 모습을 보여주려 애쓰고, 아기도 이상적인 아기라고 믿는다. 아기는 부모의 자기애적 전능환상을 유지시켜주기 위해 노력하다 자기를 상실하게 되고, 거짓 자기를 발달시키며, 엄마 혹은 돌보는 자와 심리적으로 분리하지 못한다. 이런 관점에서 위니컷은 '세상에 아기는 존재하지 않는다. 다만 엄마와 아기가 있을 뿐이다'라는 유명한 명언을 남겼다. 반면에 충분한 엄마 역할을 통해 참자기를 형성한 아이는 자기를 수용하고 사랑할 수 있는 능력을 갖출 뿐만 아니라 세상과도 건강한 상호작용을 할 수 있다.

충분히 좋은 엄마

위니컷은 참자기의 형성은 건강한 환경을 제공하고 아이의 욕구에 의미 있는 반응을 해주는 충분히 좋은 엄마에 의해 촉진된다고 주장했다.

1. 자신의 어린 시절을 되돌아보고 양육자가 어떤 양육자인지 생각해보라. 혹은 자신이 지금 자녀를 키우고 있다면 자신은 어떤 양육자인지 생각해보라.

....

....

....

2. 당신은 대인관계에서 상대방의 눈치를 심하게 보는 경우가 종종 있는가? 위니컷의 이론에 의하면 그것은 일종의 유아기적 '침범'의 경험에서 비롯된 생존기제이다. 상대방의 눈치를 보지 않으면 무슨 일이 일어날 것 같은가?

....

....

....

중간대상

3~4개월쯤 되면 아기는 자신의 외부현실을 탐색하게 된다. 이때 아기가 가장 관심 갖는 대상은 바로 엄마이다. 엄마가 있느냐 없느냐에 대해 아기는 매우 민감하게 반응한다. 이 시기에는 엄마가 옆에 없을 때 느끼는 불안을 감소시키기 위해 자신을 위로해줄 수 있는 대체적인 물건을 갖게 된다. 이것은 마치 아기가 자신만의 엄마를 창조하는 것으로서 위니컷은 이 대체적인 물건을 중간대상transitional object이라고 이름붙였다.

이러한 중간대상의 물건들은 아기가 접촉하던 물건들로서 엄마의 따뜻함을 제공해주는 자기에게 익숙한 물건들이다. 대체로 자기가 가지고 놀던 인형, 담요, 옷, 이불 등이 중간대상이 된다. 이런 대상은 아기에게 상징적인 대체물로서 이 시기에 아기는 이미 상징을 창조하며 환상 속에서 자기의 욕구를 드러내고 충족시킨다. 이 시기 놀이에는 상징이나 환상을 통한 욕구 충족의 개념이 많이 들어 있다. 아기의 놀이는 점차 문화, 예술, 음악, 그리고 종교로 발전하며, 이러한 요소들은 삶을 위로해주고 삶을 놀이의 현실로 만들어준다.

위니컷은 치료는 바로 중간대상을 통해서 엄마와 건강하게 분리되는 것이기 때문에 치료적 환경은 중간대상과 함께 하는 놀이 공간을 제공해주는 것이 중요하다고 보았다.

1. 자신의 삶이 힘들고 어려울 때 환상 속에서 지내려고 한 적이 있는가? 어떻게 환상에서 벗어나 현실을 직면했는가?

....

....

....

2. 당신은 어렸을 때 애착을 가지고 있는 물건이 있었는가? 그 물건을 언제부터 가지고 있었는가? 이 물건을 대할 때의 경험은 어떠했는가? 편안하고 안정적인 느낌을 가졌는가? 그렇다면 이 물건을 왜 필요로 했는지 생각해보라.

....

....

....

위니컷의 이론 중에서 중요한 개념은 놀이play이다. 놀이는 자유로운 정신과 마음으로 마음껏 자신의 내면과 세상을 탐색하는 행동이다. 창의적이고 새로운 것을 탐구하고자 하는 인간의 열망은 인간에 내재되어 있는 특성이다. 건강한 사람은 창의적이며 자발적이다. 또 자기 삶의 주체가 되어 즐겁게 살아간다.

엄마가 받아주고, 품어주고, 바라봐주지 못하면 거짓자기가 만들어진다. 위니컷의 심리치료는 놀 수 없는 사람을 놀게 해주는 것이다. 즉 억압된 자발성을 회복하도록 돕는 과정이다.

1. 당신은 삶을 즐겁다고 생각하는가? 아니면 지루하다고 느끼는가?

2. 당신은 어떤 때 즐거운가? 마음 깊이 즐거워하는 것이 있는가? 재미있는 것이 있는가? 어떤 상태가 그러한가?

3. 자신의 삶을 자기가 원하는 방식대로 사는가? 그렇게 살 때 행복한가 아니면 불

안한가? 불안하다면 언제, 왜, 무엇 때문에 불안한가?

참고자료 ● ● ● ● ● ● ● ● ● ● ● ● ● ●

Winnicott, D. W. *Playing and Reality*. Routeledge, N. Y.: 2005.

_____. *The Child, The Family and The Outside World*. Perseus Publishing. N. Y.: 1992.

_____. *The Maturation Process and the Facilitating Environment*. Hogarth. N. Y.: 1965.

_____. *Clinical Notes on Disorders of Childhood*. London: Heinemann, 1931.

_____. *Getting To Know Your Baby*. London: Heinemann, 1945

_____. *The Child and the Family*. London: Tavistock, 1957.

_____. *The Child and the Outside World*. London: Tavistock, 1957.

_____. *The Child the Family and the Outside World*. London: Pelican Books, 1964.

_____. *The Family and Individual Development*. London: Tavistock. 1965.

_____. *Maturational Processes and the Facilitating Environment: Studies in the Theory of Emotional Development*. London: Hogarth Press. 1965.

_____. *Playing and Reality*. London: Tavistock. 1971.

_____. *Therapeutic Consultation in Child Psychiatry*. London: Hogarth Press. 1971.

_____. *The Piggle: An Account of the Psychoanalytic Treatment of a Little Girl*. London: Hogarth Press. 1971.

_____. *Deprivation and Delinquency*. London: Tavistock. 1984.

Winnicott, D. W. and Khan, M. *Holding and Interpretation: Fragment of An Analysis*. Grove Press. N. Y.: 1994.

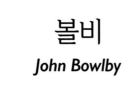

볼비
John Bowlby

볼비는 런던의 중상류층에서 여섯 형제 중 네 번째 자녀로 태어났다. 그는 그 당시 영국사회의 풍습대로 부모와는 떨어진 곳에서 보모에게 양육되었다. 결국 보모가 주양육자가 되어 볼비와 형제들을 키웠다. 그의 아버지는 의사였으며, 할아버지는 제2차 아편전쟁에서 종군기자로 돌아가셨다. 볼비의 부모는 파티에서 만났고, 열두 살의 나이 차이를 극복하고 결혼했으나 시누이와의 갈등과 남편과 떨어져 지내야 했던 문제를 해결하기 위해 첫째 딸을 보모에게 맡기고 떠나버렸다. 이런 어머니와의 분리는 다른 자녀들에게도 똑같이 반복되었다. 뿐만 아니라 어머니와 함께 지내는 여름 동안에도 하루에 한 시간 정도만 어머니를 만날 수 있었다. 그 당시의 풍습은 이렇게 양육하는 것이 아이들에게 나쁜 버릇을 키우지 않는다고 믿었다. 다행히도 볼비는 한 보모 밑에서 자랐는데 네 살 때는 이 보모와 이별하게 되었다. 볼비에게는 이 사건이 어머니와 이별하는 충격과 마찬가지였다. 그러나 이 보모마저도 성격이 차고 비판적이었기 때문에 후에 애착 형성에 영향을 끼쳤다.

그의 아버지는 제1차 세계대전에 참전했기 때문에 아이들과는 1년에 한두 번 잠깐 만나는 것이 전부였다. 그의 아버지는 이 기간 중에 부인에게 편지를 쓰곤 했지만 아이들과의 접촉은 거의 없었다. 결국 어머니뿐만 아니라 아버지와도 애착관계 형성의 기회가 없이 성장했다. 볼비는 열 살 때 전쟁 폭격을 피하기 위해 형과 함께 기숙학교에 들어갔기 때문에 더욱더 부모와 분리된 채 성장했다. 그의 저서 **분리 : 불안과 분노**(Separation: Anxiety and Anger, 1973)에서 '나는 일곱 살 된 개도 기숙사에 보내지 않을 것'이라고 자신의 분노에 대해 표현하고 있다. 그는 적어도 여덟 살 이후가 되면 괜찮다고 생각했다. 가정이 불안정하다면 기숙사에 보내는 것이 낫다고도 생각했으며, 기숙사를 거론한 것은 그 당시 상류층의 교육방식이 자녀들을 기숙사로 보내는 것이었기 때문이다. 이와 더불어 어린 시절 대부의 죽음도 그의 이론에 영향을 끼쳤다.

그는 외과의사의 딸과 결혼해 4남매를 두었다. 그는 스코틀랜드에서 사망했다. 그는 한 인터뷰에서 외과의사로 유명한 아버지를 따라 의사가 되었다고 말했다. 그러나 볼비는 아버지와는 달리 수술에는 관심이 없었고, 발달심리에 더 관심이 많았다.

그는 처음에는 성인 정신분석 훈련을 받고 30세에 정신분석가가 되었고, 제2차 세계대전, 군의관, 응급대원 등의 경험에서 전쟁 후유증 사례를 통해 신경증 환자들을 보게 되었다. 또 케임브리지병원에서는 아이들을 치료하게 되었다. 특히 전쟁 후의 트라우마에 대해 관심

이 커지게 되었다. 이 시기에 그의 첫 번째 저서인 **44명의 청소년 범죄
자**(Forty-four Juvenile Thieves, 1944)를 발간하게 되었다. 청소년 범죄자들
을 연구하면서 그는 어린 시절의 경험이 아이들의 정신적 건강에 끼
치는 부정적 영향을 깨닫게 되었다. 특히 이들 중 많은 아이들이 5세
이전에 부모와의 경험이 부정적 영향을 끼쳤다는 것을 발견하게 되었
다. 이렇게 볼비의 애착이론도 볼비의 어린 시절 부모와의 분리 경험
이 반영된 것을 알 수 있다.

전쟁 후에 타비스톡 병원장으로 있으면서 전쟁 중에 안나 프로이트
와 같이 일했고 부모와의 분리가 어린아이들에게 끼치는 부정적 영향
에 대해 연구하게 되었다. 그리고 고아원에서 일한 경험을 바탕으로
애착이론을 형성하게 되었다. 볼비는 대인관계 방식이 어린 시절의
부모와의 관계 방식에서 비롯되며, 이런 관계 방식, 즉 애착관계 방식
은 세대를 통해 전달된다는 것도 알게 되었다. 특히 그의 제자 에인스
워스의 실험은 볼비의 이론을 더욱 공고하게 해주었다.

볼비의 이론은 행동생물학, 발달심리학, 체계이론, 정신분석을 포
함하고 있으며 그의 이론과 치료 방법은 후대에 아동발달, 사회사
업, 심리학, 심리치료와 정신의학 분야에 커다란 영향을 미쳤다. 특히
1990년대 이후에는 상담 분야에서도 많은 각광을 받고 있다.

볼비는 프로이트학파의 정통성을 계승하는 대상관계이론가인 멜라
니 클라인의 제자였다. 그러나 클라인은 유아의 증상을 환경의 영향
은 고려하지 않고 단지 내적환상으로 국한해서 이해하고, 치료적 접
근방법도 정신분석 방법을 적용했다. 볼비는 유아와 돌보는 사람 사
이의 관계를 연구하는 것이 더 객관적이고 연구 가능하다고 여겨 유

아와 돌보는 사람과의 상호작용을 필름으로 찍고 그 내용을 바탕으로 이론을 형성했다. 볼비는 유아의 방어기제는 유아의 내면에서 발생하는 것이 아니라 대인관계 반응에서 비롯되고, 유아의 환상도 경험에 대응하는 것이라고 주장하면서 유아의 환상이 경험보다 먼저 존재한다는 클라인을 정면으로 반대했다. 볼비의 제자 매리언Marion 역시 유아의 정신기능은 내적 성향, 접근기회, 상황해석 방식 등이 외부환경과 타협 가능한 정도에 달렸다고 설명하고 있다.

볼비는 다윈의 진화론을 받아들였으며, 모자의 정서적 애착관계는 신체적, 진화적 결과로서 종種의 생존을 위한 산물이라고 주장했다. 사람은 이 세상에 태어나 살아남기 위해서는 어머니의 돌봄이 필요하고, 이러한 돌봄의 관계는 애착의 욕구를 통해서 어머니와 연결될 수 있을 때 유지될 수 있다. 이러한 애착의 욕구는 평생 동안 유지되고, 견고한 애착관계는 삶에 안전 기지를 제공한다. 견고한 애착관계는 애착대상이 정서적으로 접근 가능하고, 반응을 해주고, 아픔을 위로해주고, 정서적으로 친밀감을 제공해줄 때 이루어진다. 반면에 견고한 애착관계를 형성하지 못하면 유아는 유기불안을 경험하고, 유기불안이 심해지면 마음이 연약해지고, 무서움과 두려움, 우울, 공황, 분노, 죄책감, 무력감, 절망감, 공허감을 느끼게 되어 정서적으로 불안정해진다.

볼비는 유아의 애착이 프로이트가 주장하는 성적 쾌감보다 앞선다는, 당시 용인할 수 없는 이단적 주장을 해 정신분석학계에서는 그를 제명하기에 이르렀다. 그러던 중 메리 에인스워스Mary Ainsworth라는 제자가 볼비를 공개적으로 지지했다. 에인스워스는 볼비의 애착이론에 근거해 한 살 된 아이를 대상으로 한 낯선 상황 절차Strange Situation Procedure(SSP) 실험을 고안해내고, 이 실험을 통해 유아가 한 살 정도가 되었을 때 어머니와의 관계 특성을 측정하는 표준 도구를 개발해 유아에게 필요한 어머니의 민감성이라는 개념을 처음으로 제안했다.

매리 메인Mary Main 역시 이후 볼비의 이론을 바탕으로 성인애착면접 Adult Attachment Interview(AAI) 도구를 고안했다. 이 도구는 반구조화된 정신역동적 인터뷰를 통해 자신의 초기 애착, 부모에 대한 감정에 대해 이야기하고 중요한 상실경험과 아동기 외상에 대해 설명하도록 하고, 여덟 가지 척도에 의해 평가하는 도구이다. 이 도구는 유아와 어머니의 마음 상태가 인간관계의 근원적 원형이 된다는 이론을 구체화할 수 있게 해주었으며, 임신한 여성들에게 AAI 도구를 통해 훗날 아이를 어떤 아이로 기를 수 있는지에 대한 행동을 예측할 수 있게 해주었다. 이들의 협력으로 볼비의 이론은 추상적 이론이 아니라 과학적 데이터에 근거한 합리적이고 구체적이며 경험적인 이론임이 증명되었으며, 마침내 볼비는 그를 제명했던 영국 정신분석학회에 어머니에 대한 아동 유대의 본질이라는 개척자적 논문을 1960년에 발표하기에 이르렀다. 그는 자신의 이론이 생물학에 근거하고 있으며 강력한 정서적 관계의 바탕은 바로 애착이라는 사실을 처음으로 제안했고, 그리고 보다 공식적으로 학계에서 인정받게 되었다.

볼비는 유아를 돌보는 이의 행동이 유아에게 일정하고도 예측 가능한 반응 양식들을 발달시켜 애착패턴들을 형성한다고 생각했다. 이처럼 유아가 애착대상과의 관계에서 형성한 반응 양식들을 내적작동모델이라 부르며 이는 유아에게 이미 애착 표상들이 형성되고 있음을 보여준다. 이렇게 형성된 내적작동모델, 그리고 애착 표상들은 성장하면서 점점 정교하게 발전되어 사회성 발달에 결정적인 역할을 하고, 또한 이는 일생 동안 인간관계에 대한 개인의 감정, 생각, 기대치에 영향을 미친다.

유아가 자신의 애착대상과 신뢰를 쌓고 안정적인 관계를 맺게 되면 애착체계가 잘 형성되는데, 이는 애착대상으로부터의 수용이나 공감, 존중, 신뢰 등을 통해 형성된다. 이처럼 애착이 잘 형성되면 어머니에게 지나치게 의존하지 않으면서도 도움이 필요하면 언제든지 부담을 느끼지 않고 도움을 요구할 수 있게 된다. 이렇게 애착대상과의 좋은 경험을 통해 유아는 자율성, 자신감, 자기표현, 심리적 자원 활용, 융통성, 좌절에 대한 인내력을 키우게 된다. 또한 애착이 잘 형성되면 심리적 안전 기지를 확보할 수 있어서 자유롭게 세상을 탐색할 수 있는 탐색체계도 잘 발달시킨다. 탐색체계는 세상으로부터 새로운 정보를 받아들일 수 있는 인지적 개방성이 있어서 모험을 하고, 배우고, 지속적으로 자신, 타인, 그리고 세상에 대한 모델을 만들어감으로써 새로운 상황에 적응할 수 있는 자신감을 키워준다. 그러나 어머니가 불안하면 오히려 아이에게 집착하게 되어 아이의 탐색 의지를 저지하고, 정서적으로 불안하기 때문에 부정적 감정을 표출하게 되어 불안정한 애착체계를 형성하게 된다. 그러나 이러한 애착체계가 어머니와의 관계에서만 형성되는 것은 아니며 아버지와의 애착관계 역시 중요하다는 것이 점차 알려지고 있다. 아버지와의 애착경험은 후에 타인과의 관계에 영향을 미친다는 연구가 지속적으로 발표되고 있다. 다른 형제들과의 관계도 애착체계에 영향을 끼친다. 형제자매는 서로에게 애착대상이 되는데 서로 다른 방식으로 애착관계를 맺는다. 부모가 갈등이 심하거나 편애를 하면 형제자매는 서로 가해자가 되거나 피해자가 된다.

애착체계는 내적작동모델로서 생후 첫 1년 동안 어머니와의 수많은 접촉과 분리의 경험이 애착관계의 질을 형성하게 된다. 이 모델은 유아의 경험과 환경을 마음에 그대로 옮겨 놓은 것과 같다. 여기에는 인지도, 표상, 각본, 자기와 외부환경, 적응행동, 주관적 경험, 인지적 경험이 모두 들어 있다. 더해 자기, 자존감, 분리감, 자기동일성, 자기연속성, 자기지식, 애착대상에 비춘 나의 모습(나의 주관적 경험), 타인과의 애착과 분리 등도 들어 있다. 이 내적작동모델은 동일한 것에 대해 여러 모델이 있을 수 있고, 또는 한 모델이 여러 개로 분열되거나, 여러 개가 모여 집단으로 통합되어 사용될 수도 있다.

애착체계의 질은 애착대상의 민감성에 의해 결정된다. 민감성이란 어머니가 자녀의 내적 상태와 동일하게 비언어적 표현을 동반할 수 있는 능력을 말한다. 어머니가 민감성이 높으면 유아의 신체, 정서, 마음의 상태가 어머니와 동일하게 있을 수 있어 불안할 때에도 안정을 회복할 수 있고, 이런 경험을 통해 내적 통합감과 타인과의 관계통합을 가능하게 해준다. 그러나 이러한 어머니의 신체적, 심리적 돌봄이 부족하게 되면 유아는 지적, 정서적, 사회적, 성격적 발달에 지연 및 장애를 일으키게 된다. 이러한 증상은 불안정한 애착이 형성되거나, 애착관계를 형성한 어머니와 이별 혹은 사별하거나, 돌보는 사람이 자주 바뀌어 일관성 있는 돌봄을 받지 못해 애착관계를 형성할 기회조차 갖지 못할 때 일어난다.

애착욕구가 충족되지 못하면 정서조절 전략이 과잉반응하면서 과잉행동, 과활성화된 애착행동이 나타나거나 애착체계가 저활동 전략으로 구성되어 애착욕구를 억제하려 한다. 즉 자극을 주는 것으로부터 멀리 있게 하는 애착체계를 활성화시키면서 고통을 혼자 해결하려 한다. 결과적으로 애착과 관련된 단서를 피해버리고 억제하고, 억압해버린다. 이렇게 하다 보면 자신에게만 몰두하는 태도를 증가시키고 타인과 적절하게 상호 의지할 수 있는 관계를 약화시킨다. 그리고 자신의 잘못이나 약한 부분을 인정하기가 힘들어진다.

애착체계는 안정 애착체계, 저항 애착체계, 회피 애착체계, 그리고 이것들이 혼합된 불안정 혼돈 애착체계로 분류되었다. 에인스워스의 낯선 상황 절차 실험에서 안정적 애착체계를 형성한 아이는 혼자 낯선 곳에 남아 있게 되면 잠시 불안해하다가도 다시 놀이에 집중할 수 있으며, 엄마가 돌아오면 반갑게 맞이하고 놀이를 계속한다. 저항 애착체계를 형성한 아이는 엄마의 부재에 대한 심한 불안으로 엄마가 돌아오면 매달리거나 울면서 화를 내는 등 격렬한 행동을 나타낸다. 회피 애착체계를 형성한 아이는 낯선 곳에서 엄마가 떠나가는 것에 대해 별 관심이 없으며 반응을 보이지 않는다. 불안정 혼돈 애착체계를 형성한 아이는 애착 형성이 불안정하면서도 회피와 저항의 어느 쪽에도 포함되기 어려우며, 엄마와 다시 만났을 때 상반된 행동패턴을 잇달아 또는 동시에 나타낸다. 매우 강한 애착행동이나 분노행동을 표현한 후 갑자기 회피하거나, 얼어붙거나, 멍한 행동 등을 보인다. 이러한 애착체계는 성인이 되어서도 지속된다. 특히 이성 간의 관계에서는 각자가 경험한 애착체계가 발동되어 하나의 체계를 이루는

데 대개 비슷한 시기의 애착 형성에 문제가 있는 사람들이 만나서 서로 다른 애착체계 방식을 사용하면서 갈등을 일으킨다.

볼비학파는 성인들의 애착이론에 근거한 관계 방식에 대해서 다음과 같이 나누었다. ❶ 회피형 : 부모가 자녀의 요구를 회피하거나 들어주지 않는 등 부모로부터 거부당한 경험이 많거나, 혹은 아이에게 다른 것을 하도록 강요하거나 통제한 경우 사람들과의 정서적 접촉에 어려움을 겪게 된다. 이러한 사람은 신체적 접촉 역시 불편해하거나 대화를 자연스럽게 이어가지 못하는 경우가 많다. 또한 어린 시절을 떠올리기 어려워하며, 부모를 이상화하는 경향을 보인다. 대개 어린 시절의 기억이나 부모에 대해 이야기할 때면 감정 없이 그저 좋았다고 얼버무리기 쉽다. 사실 이러한 사람들은 가족과의 정서적 접촉이나, 자신의 내면을 살펴보는 것이 두려워 감정을 자각하는 것 자체를 회피하려 한다. 이로 인해 사람들과의 관계는 회피하고, 정서적 관계를 요구하지 않는 것에 몰입하며 익숙한 것만을 반복하려 한다. ❷ 무시형 : 부모로부터 신체적, 정서적 친밀함에 대한 요구를 무시당했던 사람은 지속적으로 자신의 요구나 타인의 요구를 무시하려 한다. 이들 역시 신체적 접촉을 회피하며, 친밀감에 대한 요구가 무시당했을 때 느꼈던 수치심, 두려움, 불안감 등의 감정들로 인해 내면과 만나기를 두려워한다. 이로 인해 자신의 내면뿐만 아니라 타인의 내면까지도 무시하게 되어 결국 사람들과의 관계에서 피상적인 상태에 머무르게 된다. 이러한 사람은 오래 사귄 친구들과도 속 이야기 하기를 꺼리거나 내면에 대해 물으면 화를 내기도 한다. 또한 자신의 요구를 대부분 거부당한 기억 때문에 자신의 의견이 옳고 타인은 그르다고 생각하는 경향이 있으며, 채우지 못한 요구를 채우기 위해 상대를 자신이 원하는 방향으로 통제하려 한다. 그러나 내면에는 여전히 거부당한 두려움과 자신이 부족하다는 무력감이 크기 때문에 지속적으로 타인에 의존하게 된다. ❸ 집착형 : 어려서 자신의 요구가 일관성 있게 채워지지 못했던 경우 어떤 방법을 사용해서라도 자신의 요구를 충족시키려 한다. 이들은 떼를 쓰면 자신이 원하는 것을 얻을 수 있었던 경험 때문에 자기의 욕구 충족에 집착하며, 사람이 아니라 관계에 몰두하지만 안정적 관계보다는 갈등관계를 무의식적으로 만들고 그 관계의 갈등에 집중한다. 갈등관계가 괴롭긴 하지만 오히려 그런 상태로부터 자극과 흥분을 느끼기도 한다. 이들은 관계를 맺어도 항상 꼬투리를 잡아 상대방을 피곤하게 만들고 결국에는 상대방으로 하여금 관계를 단절하게 만든다. 그러나 이러한 상황은 또다시 상대방을 통제하지 못한 상실감과 무력감을 느끼게 해 악순환을 반복하게 한다. ❹ 혼란형 : 부모 간의 갈등이 심각하거나, 정서적으로 불안했거나, 우울했던 문제로 인해 집안 분위기가 안정적이지 못했을 경우 가정은 공포의 근원지가 된다. 이러한 가정에서는 자녀가 부모의 문제를 해결할 수 없기 때문에 통제 불능으로 인한 분노, 무력감, 정서적인 경직으로 인해 억압되고 부정적인 감정이 커지게 된다. 이들은 아주 작은 자극에도 예민하게 반응해 정서적 갈등을 겪을 가능성이 높으며, 갈등이 언제 폭발하지 모르기 때문에 주위 사람들을 항상 불안하게 만든다. 이러한 사람은 항상 자신의 감정적 문제의 원인을 외부에서 찾곤 한다.

볼비 이론의 애착관계에 대해 탐색해보자. 볼비는 안정 애착체계, 회피 애착체계, 저항 애착체계, 그리고 불안정 혼란 애착체계로 나누었다.

1. 안정 애착체계 : 어린아이들의 65%가 안정 애착체계를 형성한다. 이 아이들의 특징은 낯선 상황에서 엄마에게 몸을 기대거나 가까이 하려 하고, 엄마가 나갔다가 오면 반갑게 반기고 놀이하는 것을 이야기하려 한다. 이런 아이들은 커서 인간관계를 잘 맺고 리더십을 발휘한다. 이들은 성인이 되어서도 다른 사람을 신뢰하고, 감정적으로 개방적이며, 장기간의 친밀한 관계에 들어갈 수 있다.

   '나는 사람들과 대체로 쉽게 친해지고 그들에게 의지하는 것이 편안하고 또 나에게 의지하는 것도 좋아한다. 나는 거절당할까 봐 혹은 너무 가까이 올까 봐 걱정하지 않는다.'

2. 불안정 회피 애착체계 : 어린아이들의 20%가 여기에 속하는데 엄마와 단둘이 있을 때 아기들이 좋아하는 장난감 등에 별다른 흥미를 느끼지 않는다. 이들의 엄마는 아기와의 신체 접촉이 적고, 화가 나 있거나 초조하며, 무감각하고 거부하는 태도를 보인다. 엄마는 아기에게 안정적인 심리적 기지를 제공하지 못하기 때문에 아기는

엄마를 불안해하거나 회피한다. 이들이 성장하면 안정감, 또 생존과 성장에 지지가 필요해도 배우자의 지지를 직접적으로 요구하기보다 지나치게 자기 자신에게 의지하려 한다.

'나는 다른 사람과 가까이 있는 것이 어쩐지 불편하다.'
'나는 사람들을 완전하게 신뢰하기가 힘들고 사람들에게 나 자신을 의지하는 것을 허락하기가 힘들다.'
'나는 누구라도 가까이 오면 불안하고 또 다른 사람들이 내가 편하게 느끼는 것보다 더 친밀하게 있기를 바라면 불안해진다.'

3. 불안정 저항 애착체계 : 어린아이의 10%가 이 유형에 속하며 이런 아이들은 낯선 상황에 엄마가 있어도 불안해한다. 특히 엄마가 나갔다가 오면 엄마 곁에서 화를 내지만 엄마가 접근하려 하면 오히려 저항한다. 이런 아기들의 엄마는 아기의 요구에 무감각한 경향을 보이고 아기를 다루는 방식이 어색하다. 이들은 성장해서 타인과 관계를 맺을 때도 가깝기를 원하지만 동시에 가까워지려 하면 밀쳐낸다. 그러면서도 조그마한 거절이나 거부의 사인에 예민하게 반응한다.

4. 불안정 혼란 애착체계 : 어린아이의 5~10%가 이에 속한다. 저항과 회피의 유형에 뚜렷하게 분류되지 않고 접근과 회피의 방식 사이에서 혼란을 경험하는 유형이다. 이런 아이들은 엄마와 떨어졌다가 다시 만나면 양육자에게 접근할지 회피할지 갈등을 보인다. 이것은

어머니와 접촉하고자 하는 욕구와 함께 어머니로부터 무시당하고 구박받은 데서 오는 공포가 있기 때문에 사랑을 받고 있는지를 확신하지 못하고, 사랑받을 만한 가치가 있는지 또는 보호를 받을 수 있을지 불안해하기 때문이다. 이런 아이들은 성장해서도 비슷한 관계 유형을 유지하면서 과다한 경계심, 확신에 대한 요구가 강하거나, 분노로 자주 항의하거나, 질투를 많이 표출한다.

'나는 다른 사람들이 내가 가까이 있기를 원하는 것만큼 친해지는 것에 대해 머뭇거리는 것을 발견한다.'
'나는 자주 배우자가 정말로 나를 사랑하는지 또 나와 함께 있기를 원하는지 걱정이 된다.'
'나는 사람들과 가까이 있기를 바라는데 이런 나의 바람이 사람들을 당혹스럽게 해서 떠나게 만든다.'

이와 같이 성인의 애착관계는 과거 부모와의 관계를 반영하고 있고, 부모와의 관계에서 해결하지 못한 내적 갈등을 해결하고자 부부관계에서 비롯된 부정적인 요소를 다시 현재의 부부관계에 불러내어 상호작용한다.

볼비는 애착체계가 일생 동안 유지되며 다른 사람과 가까이 있어야 할 필요가 있을 때 드러난다고 했다. 사랑에 빠지거나 결혼하고자 하는 것은 이러한 욕구를 충족시켜주기 때문에 함께 있고자 하는 것이다. 그러나 부부관계에서 중요한 것은 어린 시절에 부모와 안전한 애착관계를 형성한 경험뿐만 아니라 현재 부부관계에서 개방적이고 일관된 방법으로 자신의 애착특성을 표현할 수 있는지다. 즉 배우자가 보내는 감정적 단서를 상대 배우자가 알아채고 가까이 있어 주고 반응하는 것이 중요하다.

무엇보다 부부는 서로의 애착욕구를 잘 표현해서 서로 이해하고, 연결되고, 지지받는다고 느낄 수 있어야 한다. 그리고 각자의 애착체계를 확인하고, 그 체계가 어떻게 서로 상호작용하고, 순환적으로 반복하는지를 찾아내어 서로 상대방의 결핍된 애착욕구를 충족시키고자 노력할 때에 부부는 새로운 애착체계를 형성할 수 있다.

1. 어린 시절 부모님과의 관계는 어떠했는가? 아니면 다른 어떤 사람과 친했는가?

2. 아버지나 어머니 중 누구와 가까웠는가? 그 이유는 무엇인가?

3. 부모와 처음으로 헤어진 경험이 언제인가? 그때 어떤 행동을 했는가?

4. 부모로부터 거부당한 경험이 있는가? '너를 안 낳으려다 낳았다', '너만 낳지 않았다면 나는 이 집에서 살지 않았을 것이다', '너를 떼려고 별의 별짓을 다했다', '네가 죽었으면 해서 윗목에다 밀어놓았다'는 등의 말을 들은 적이 있는가? 그런 말을 들었을 때 어떤 경험을 했는가?

_____

_____

_____

5. 부모에게 화가 났을 때, 또는 부모가 어디를 가려고 할 때 어떤 행동을 했는가?

_____

_____

_____

6. 성장하면서 가까웠던 사람을 잃어버린 경험이 있는가? 그때 어떤 행동을 했는가?

_____

_____

_____

7. 부모 중 누구를 이상화했는가? 부모에게 미해결된 분노가 있는가? 아직도 원망이 있는가? 기억이 안 나면 억압일 수 있다.

_____

_____

_____

8. 지금 비슷한 상황에서의 행동이 어린 시절의 경험과 비슷한 점이 있는가?

9. 어린 시절의 경험이 현재 당신의 성격에 어떤 영향을 끼쳤다고 생각하는가? 그 경험이 성장하는 데 걸림돌이 된 적이 있는가?

10. 지금 결혼했거나 사랑하는 사람이 있는 경우에 두 사람의 관계패턴을 살펴보자. 어린 시절의 부모와의 관계패턴과 비슷한 것이 있는지 살펴보라. 이러한 관계패턴이 어떤 영향을 끼치고 있는가? 상대방과 같이 경험을 나누어보자. 그리고 서로가 어린 시절에 충족시키지 못한 애착경험을 잘 표현할 수 있도록 도움을 주어라.

참고자료 ● ● ● ● ● ● ● ● ● ● ● ● ●

Bowlby J. *A Secure Base: Parent-Child Attachment and Healthy Human Development*, N. Y.: Basic Books, 1988.

_____. *Maternal Care and Mental Health. The master work series* (2nd ed.). Northvale, NJ; London: Jason Aronson. 1950.

_____. *Attachment. Attachment and Loss* (vol. 1) (2nd ed.). New York: Basic Books. 1999

_____. *Separation: Anxiety & Anger. Attachment and Loss* (vol. 2); (International psycho-analytical library no.95). London: Hogarth Press. 1973.

_____. Loss: Sadness & Depression. *Attachment and Loss* (vol. 3); (International psycho-analytical library no.109). London: Hogarth Press. 1980.

_____. *A Secure Base: Parent-Child Attachment and Healthy Human Development*. Tavistock professional book. London: Routledge. 1988.

_____. *Charles Darwin: A New Life*. New York: Norton. 1991.

Bowlby J. & Fry M. (abridged &), ed. *Child Care and the Growth of Love* (Report, World Health Organisation, 1953 (above)). Pelican books. Ainsworth MD (2 add. ch.) (2nd edn. ed.). London: Penguin Books.Retrieved 17 February 2014. (1976) [1965].

Bretherton I. (September 1992). "The origins of attachment theory: John Bowlby and Mary Ainsworth". *Developmental Psychology* 28 (5): 759 – 775.

Brisch K. *Treating Attachment Disorders*, New York, N. Y.: The Guildford Press, 2002.

Greenberg & Susan M. Johnson. *Emotionally Focused Therapy for Couples by Leslie S.* Guilford Press. N. Y.: 1988.

Holmes, J. *John Bowlby and Attachment Theory* (Makes of Modern Psychotherapy). Routhledge. N. Y.: 1993.

Van Dijken S. *John Bowlby: His Early Life: A Biographical Journey into the Roots of Attachment Theory*. New York: Free Association Books. 1998.

Van der Horst. LeRoy HA; Van der Veer R (2008). "When strangers meet": *John Bowlby and Harry Harlow on attachment behavior* (PDF). Integrative Psychological & Behavioral Science 42 (4): 370-88. Retrieved 11 September 2008.

Van der Horst. *John Bowlby–From Psychoanalysis to Ethology*. Unraveling the Roots of Attachment Theory. Oxford: Wiley-Blackwell. 2011.

코헛

Heinz Kohut

코헛은 1913년 오스트리아 빈에서 외아들로 태어나 어릴 때부터 전통적인 철학, 고전문학과 역사, 외국어에 이르기까지 상당히 높은 수준의 교육을 받았고, 최고의 성적을 유지했으며, 많은 분야에서 열정적인 관심을 지니고 있었다. 그의 부모는 항상 상류층과 어울리려고 노력했다. 코헛은 전쟁으로 인해 피아니스트의 꿈을 상실해 우울한 삶을 살았던 아버지와 사교생활에 몰두했던 다소 냉담한 어머니 사이에서 성장했다. 코헛의 부모는 모두 유대인이었지만 이러한 사실을 나중에야 알게 되었다. 코헛은 외아들로서 학교에 다니지 않고 집에서 가정교사의 교육을 받으며 자랐기 때문에 또래 아이들과 어울릴 기회도 많지 않았다. 1938년에 비엔나 의과대학을 졸업한 후 장래가 보장되는 신경의학전공의 자리를 사임하고, 시카고로 이주해 시카고정신분석연구소의 수련생이 되었다.

어머니의 냉담함, 전쟁으로 인한 아버지의 부재는 코헛으로 하여금 항상 이상적인 부모를 꿈꾸게 했다. 코헛은 프로이트를 몹시 존경했으며, 프로이트가 주로 머물던 비엔나에서 자신이 탄생한 것을 매우 자랑스럽게 생각했다. 특히 프로이트가 영국으로 망명가는 길에 기차역에서 들고 있던 중절모로 코헛의 어깨를 살짝 두드려주는 가벼운 인사를 가지고 프로이트가 정신분석학의 미래를 자신에게 맡겼다고 믿었던 것으로 미루어 코헛은 이상적인 아버지를 프로이트에게 투사하고, 어머니에 대한 애정결핍으로 인해 진짜 자기를 상실한 경험이 그의 이론에 그대로 녹아 있는 것을 볼 수 있다.

코헛은 20대 후반에 미국으로 건너가 시카고정신분석연구소에서 전문가로서의 삶의 대부분을 보냈다. 한때 시카고정신분석학회 회장을 지낼 만큼 정통적인 정신분석가로서의 자격을 지녔음에도 불구하고 점차 그는 프로이트의 욕동이론을 넘어 자신만의 이론을 조금씩 드러내기 시작했다. 그로 인해 정신분석학회로부터 심한 반발을 받게 되었다. 자신을 프로이트와 정신분석학회의 충실한 제자로 여겼던 코헛은 심한 상처를 입었지만 지속적으로 자기만의 사상을 펼쳐나갔다.

코헛은 1960년대에 이르러 내담자의 증상을 기존 정신분석학의 추동이론, 자아심리학, 혹은 대상관계로만 설명하기에는 한계가 있다는 것을 발견하게 되었다. 이들 이론은 증상과 원인에 대한 추론은 가능하지만 증상을 설명하는 데는 부족하다고 느꼈다. 코헛은 내담자들이 내면의 대상 때문에 힘들어하기보다는 삶의 무의미, 열등감, 우월감 때문에 괴로워한다는 것을 발견하게 되었다. 코헛은 이러한 증상이 일반적인 사람들에게도 퍼져 있다는 것을 깨닫고 이러한 증상이 현대 사회가 낳은 결과라고 보았다. 그러나 이런 증상에 대해 기존의 이론들이 충분하게 설명하기는 부족하다는 사실에 맞닥뜨리게 되었다.

코헛의 성격발달이론은 정신분석에 뿌리를 두고 있고, 대상관계 학자들인 페어베언, 위니컷, 그리고 말러의 연구와 많은 유사점을 가지고 있지만 자기self에 대한 그의 심리학은 대상관계이론들과는 다르다. 코헛은 자기에 관한 이론을 지속적으로 수정하면서 발달시켰다. 1977년에 이르러, 그는 자아와 초자아에 대한 언급만 하고 더 이상 리비도에 대해서는 언급조차 하지 않았다. 이런 변화로 인해 그는 정신분석학파로부터 이단자로 취급받게 되었고, 백혈병을 진단받고 난 후에는 더욱 과감하게 자신만의 이론을 정립하고자 결심했다. 이때 나온 저서가 자기의 회복(Restoration of self, 1977)과 정신분석은 어떻게 치료하는가?(How Does Analysis Cure?, 1984)이다. 초기의 저서인 자기의 분석(Self Analysis, 2000)은 그가 아직 프로이트의 욕동이론의 영향력을 완전히 벗어나지 못한 절충적 입장에서 쓰였기 때문에 코헛의 개성이 분명히 드러나지 않지만 후기에 쓰인 글들에는 자신만의 독특한 이론을 분명하게 제시하고 있다. 특히 자기의 회복에서는 자기가 더 이상 자기개념 혹은 정신의 내용으로서가 아닌 자발적인 능력을 갖춘 독립적인 기구로 대두되기 시작했다. 이때부터 그는 자기를 중심에 놓고 그것의 발생과 발달, 구성 등을 연구하는 심리학으로서 자기심리학self psychology을 출범시킨 것이다. 또한 그는 자기구조, 자기표상, 자기이미지, 자존감 형성과정에 대한 이론을 제시하고, 자기응집력, 자기연속성, 자기에 대한 긍정적 경험에 대해서도 설명하고 있다.

코헛에 의하면 유아는 자기를 가지고 태어나는 것이 아니라 자기를 느낄 수 있는 능력을 지니고 태어난다. 자기는 자기이미지, 표상만

이 아니라 내적 성찰과 공감에 의해서만 알 수 있는 나의 경험을 포함하고 있다. 따라서 대상이 누구냐가 아니라 대상과의 경험이 중요하다. 유아의 상태는 응집된 한 덩어리의 자기가 아니라 파편화된 자기fragmented self 또는 자아의 핵 요소들ego nuclei이 흩어져 있는 상태로 존재한다. 이런 상태에서는 자기가 너무 연약해서 프로이트가 말하는 죽음의 본능에 압도당하는 순간에 느끼는 불안에 순간순간 노출된다. 따라서 헌신적으로 돌보아 주는 자기대상selfobject의 지원을 받아야 불안을 이겨내고 흩어진 파편을 모아가면서 응집된 자기cohesive self를 발달시킨다. 이 시기에 유아는 자기의 응집력을 획득하지 못했기 때문에 어머니와 공생적 관계를 형성하여 마치 자기가 완전하고 전능하다고 느끼면서 불안을 이겨내고 자기애적 평정 상태를 경험한다. 점차 유아가 성장하면서 어머니가 유아의 욕구를 완벽하게 채워주지 못하게 되고, 자기애적 평정 상태는 깨지게 된다. 자기애적 평정을 유지하기 위해서 유아는 두 가지 전략적 이미지를 생성한다. 하나는 과대적이고 과시적인 자기grandiose exhibitionistic self를 발달시켜 전능감을 유지하고, 그다음에는 자신을 돌보는 부모를 전능한 자기대상admired omnipotent selfobject, 즉 이상화된 부모상idealized parent image으로 만들어낸다.

코헛이 말하는 자기대상은 유아가 경험하는 생애 초기의 대상을 말한다. 유아는 부모를 타자로서가 아니라 자신의 일부분 또는 자신의 확장으로서 경험하는데 이렇게 자기를 돌보는 대상을 가리켜 자기대상이라고 부른다. 유아의 자기애적 평정 상태는 자기대상과의 관계 질에 달려있다. 자기의 탄생은 자기와 자기대상과의 관계로부터 시작되는 과정으로서, 이 과정이 원만하게 진행되지 못하면 곧 자기애적 상처narcissistic wounds를 입게 되고, 자기애적 상처는 자기애의 발달에 영향을 끼치고 모든 정신병리의 근원적인 원인이 된다.

　3세 미만 유아의 건강한 자기 탄생을 위해서 자기대상이 떠맡게 되는 과제는 크게 세 가지로, 거울대상의 욕구, 이상화 대상의 욕구, 쌍둥이 대상의 욕구를 단계별로 가지고 있다. 자기대상으로부터 적절한 욕구 충족을 경험하지 못하면 그 아이는 응집적 자기를 구축하는 데 심각한 발달 결핍을 갖게 되며 이 발달 결핍이 후에 자기애적 성격장애의 형태로 드러나게 된다.

　첫째 과제는 아이의 과대주의와 과시주의의 욕구에 대해 공감적인 반응을 제공하는 과제이다. 아이는 자신이 대단한 존재이며, 그러한 자신의 존재를 다른 사람들에게 드러내고 주목받고 관심과 인정과 찬사를 받고자 하는 자기애적 욕구를 가지는데, 부모는 이에 대해서 긍정적인 반응을 제공하고 충분한 찬사를 제공함으로써 아이로 하여금 과대주의와 과시주의의 욕구가 충족되는 경험을 갖게 해야 한다. 이러한 자기애적 욕구가 충족되는 동안 아이의 자기는 힘 있고 자신 있고 가치 있는 존재로 경험되고, 이런 경험을 통해서 초기의 응집력이 없던 자기는 차츰 응집력을 지닌 자기로 변형된다. 또한 이런 경험과 함께 원시적인 과대주의와 과시주의는 차츰 길들여지고 조절되고 보다 현실적인 요소를 받아들일 수 있는 긍정적인 자기감 또는 자존감으로 성숙해간다. 코헛은 그의 저서 자기의 분석에서 다음과 같이 말하고 있다.

아이가 자기대상과의 온전한 관계를 경험했을 때 성숙한 형태의 긍정적인 자존감을 형성하고 타인에 대한 성숙한 형태의 찬양과 공감 등을 보일 수 있는 건강한 응집적 자기를 구축하게 된다. 자기대상과의 관계 경험의 질이 오염된 사랑으로 심각하게 파손되었을 경우 아이는 자기를 형성하는 한 축인 과대적 자기의 축을 형성하지 못하고 파편화된 자기가 된 채 일생을 살아가며 관심에 대한 유아적 욕구들과 자신에 대한 찬사의 욕구 충족을 찾아 헤매는 과대적 자기의 빈곤증에 걸린 자기애적 인격장애를 지니게 되는 것이다… 초기의 과대주의와 과시주의가 공감적인 반응을 받지 못하면 자기애적 상처가 생기게 되고 고착이 발생한다. 따라서 과대주의와 과시주의는 발달과 성숙의 과정을 거치지 못하고 그대로 원시적인 충분한 응집력을 지니지 못한 파편화되기 쉬운 취약한 자기self로 남게 된다.

이 시기에 필요한 공감은 반영이라고도 하는데 자기대상이 반영해줄 때 자기대상의 반영기능을 내재화해 자기를 스스로 반영해주면서 과대적 자기를 충족시킬 수 있다. 자기대상은 그 사람이 어떤 사람이냐가 중요한 것이 아니라 나에게 좋은 반영을 해줄 수 있는 기능을 가진 사람인지가 더 중요하다. 만일에 이것이 충족되지 않으면 사람들은 자신을 반영해줄 사람을 일생을 걸쳐 찾으려 한다. 만일에 이 단계에 고착된 사람이 결혼을 하게 되면 배우자에게 반영욕구를 투사해서 결혼을 한 경우에 상대가 어머니 같은 사람이 아니라 초기에 자신을 반영해주는 어머니여야 한다.

두 번째 과제는 유아시기부터 이상적인 자기대상들과의 연합이 유지되면서 강하고 충만하고 안전감을 느낄 수 있어야 한다. 이상화된 부모이미지와 자기를 동일시하고, 차츰 그 이상화된 부모이미지를 내면화해 자기 이상으로 삼게 된다. 자기 이상은 그가 인생을 살면서 보다 가치 있고 보다 높은 이상을 추구하며 살 수 있는 원동력을 제공한다. 이때 부모가 자신을 이상화시키는 아이의 시도를 수용해주고, 이상화된 대상으로서 아이를 과도하게 실망시키지 않고 유아와 관계를 맺어야 한다. 아이는 부모를 이상화하고 그 이상화된 대상으로부터 보호받고 수용과 긍정의 경험을 통해서 자신의 결함이나 좌절을 직면하고 무력감과 공허감을 극복할 수 있다. 이상화 욕구의 충족은 아이로 하여금 자신만의 이상적 꿈을 형성하도록 해 허약한 자기의 심리적 구조를 충족시키는 기능을 한다. 아이는 나보다 위대한 사람이 내 안에 있을 때 힘이 생긴다. 그러나 부모가 자신들이 완벽하게 부모역할을 한다고 믿거나, 지나치게 자신을 합리화하거나, 자신들의 이상을 지속적으로 주입하려 하거나, 이상적인 규칙을 지나치게 요구하면 아이들은 자기를 형성하기보다는 부모를 이상화해 내면화한다. 반면 부모가 이러한 역할을 하지 못했을 때 아이는 내면의 불안을 안정시키기 위해 지속적으로 이상화할 수 있는 사람을 찾고, 그런 대상에 충성을 한다.

세 번째 과제는 자기대상이 유아의 쌍둥이 대상의 욕구를 충족시켜주는 것이다. 쌍둥이 욕구는 유아가 현실 속에서 부모나 자기대상을 자신과 똑같은 현실적 존재로 인식하고 확인하려는 욕구를 말한다. 즉 나는 괜찮은 사람이고, 당신도 괜찮은 사람이라는 나와 너를 수용하는 단계이다. 아이들이 자라면서 부모들의 행동을 그대로 흉내 내는 것은 이러한 욕구를 보여주는 것이다. 부모를 모델로 해서 똑같다고 느끼면서 현실적인 나를 만들게 된다. 이렇게 되면 아이는 자기가 보다 강화됨을 느낄 수가 있다. 이 발달 과정을 통해 아이들은 세상에 적응하는 자신의 재능과 기술들을 계발해 나간다.

이와 같이 유아시기부터 자기가 건강하게 형성되지 못하면 자기에 대한 수치심이 주요감정으로 떠오르게 된다. 수치심이란 자기의 결핍, 비의지적 무능에서 발생한다. 수치심은 자기 존재와 관련된 부정적 감정이며 이상에 따라 살지 못하고 실패한 자기애적 반응이다. 수치심은 자기에 대한 적대감을 수동적 형태로 경험하면서 우울감에 빠지게 한다. 수치심은 존재에 대한 부정적 감정이기 때문에 프로이트의 죄책감보다 더 보편적이고 경계가 불분명한 감정이다.

코헛의 삶의 역사는 그의 이론에 그대로 녹아 있는 것을 볼 수 있다. 아버지와 어머니는 유대인임을 속이고 상류층에 속하려고 애쓰고, 연주자의 꿈을 상실한 아버지는 우울감에 빠져 있고, 사교생활에만 몰두한 어머니는 냉담했고, 유모들 손에서 자란 코헛은 친구들도 없었고, 외동에 대한 부모의 높은 기대 그리고 부모의 상위계층에 소속되고자 하는 기대를 충족시키기 위해 높은 학업성적을 지키려 했던 환경, 또 프로이트를 이상화 대상으로 여겼기 때문에 그의 이론이 프로이트의 이론을 거스른다고 비판을 받은 후부터 자신의 이론을 주장하지 못하였다가, 백혈병으로 진단받고 죽음에 당면한 다음에야 용기를 갖고 자신의 이론을 강하게 주장할 수 있었던 사실 등은 코헛 이론의 배경이 되었음을 알 수 있다.

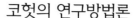

코헛은 자기애적 인격장애를 가진 환자들과 분석적 작업을 하면서 자신의 이론적 틀을 구성했다. 정신분석적 방법론은 치료사와 내담자와의 관계가 객관적이고 중립적일 것을 요구하지만, 코헛은 실제 치료 현장에서는 치료사가 내담자와의 사이에 엄격한 의미에서 객관적이거나 거리를 둘 수 없다는 입장을 취했다. 코헛은 치료과정에서 상담사와 내담자 사이에서 일어나는 현상을 관찰했다. 내담자의 내면에 대한 내적 성찰과 공감적 몰두를 하면서 내담자의 변화를 관찰하는 연구방법론을 사용했다.

코헛의 심리학은 크게는 대상관계모델에 속해 있으면서도 자기심리학self psychology이라는 고유한 분야를 형성했다. 다른 대상관계이론가들이 대상에 초점을 맞추고 있는 반면, 코헛은 그 대상과 관계를 맺는 주체로서의 자기self에 초점을 맞추었다. 코헛에 의하면 유아는 자기를 가지고 태어나는 것이 아니라 자기를 느낄 수 있는 능력을 가지고 태어난다. 자기는 자기이미지, 표상만이 아니라 내적 성찰과 공감에 의해서만 알 수 있는 나의 경험이다. 그리고 대상이 누구냐가 아니라 대상이 나에게 어떻게 대해 주었느냐가 중요하다. 자기는 홀로 존재하는 것이 아니라 시공간에서 자극을 주고받는 주체로서 자기대상과의 관계 틀 안에서 존재한다. 자기는 건축물의 구조와 같이 장시간 주변 환경과의 관계를 통해 구성되는 응집적 구조물이다.

코헛은 프로이트가 말하는 엄마와 하나가 되고자 하는 원초적 나르시시즘primary narcissism에서 벗어나야 할 것이라고 본 반면 인간은 누구나 자기애적이며, 이러한 자기애는 일생 동안 지속된다고 보았다. 진정한 자기애는 자기를 돌보는 사람으로부터 사랑을 받을 때 경험되는 것으로, 그 경험을 바탕으로 타인도 사랑할 수 있는 능력을 갖게 된다. 다시 말해 자기애가 건강한 사람이 다른 사람도 사랑할 수 있다. 코헛에 의하면 자기애는 결코 부정적인 것이 아니라 인간 모두가 본질적으로 지니고 있는 자연스러운 것이며, 창조적 에너지의 원천이 될 수 있다. 만일 돌봄을 주는 사람으로부터 사랑을 받지 못하면 스스로 자기애를 충족시켜야 하기 때문에 자기중심적인 사람이 되고 타인을 사랑하는 능력도 결여된다. 이런 상태가 심각하게 되면 자기애적 인격장애가 된다.

코헛은 초기에는 자신의 연구가 좁은 의미의 자기애적 인격장애에 관한 것이라고 생각했으나, 점차로 자기의 장애 문제가 부분적인 문제가 아니라 모든 정신병리의 중심에 자리 잡고 있는 핵심이라는 확신을 갖게 되었다. 프로이트의 이론이 그의 시대적 산물이었던 것과 같이, 코헛의 자기애적 인격장애의 특성도 20세기의 시대적 산물로서 그가 자각한 것 이상으로 현대인들의 심리적 문제를 잘 설명하고 있다.

코헛은 건강한 자기를 응집적 자기cohesive self라고 명명했다. 응집적 자기는 한 개인에게 건강한 자기 인식을 부여하고 타인과 건강한 관계를 맺을 수 있는 공감 능력을 제공하며 동시에 그가 속한 세계 안에서 창의력을 계발하며 살아갈 수 있는 힘을 제공해준다. 응집적 자기는 자신의 심리내적 정서 상태를 안정적으로 유지할 수 있으며, 자기가 파편화되는, 즉 조각조각 깨질 것 같은 위협을 느끼지 않게 해준다.

그러나 연속적인 자기대상 경험의 실패는 심리적 산소psychological oxygen의 결핍을 초래해 개인으로 하여금 텅 빈 자기를 경험하게 한다. 자기애적 인격장애로 진단되는 사람들은 정신분열과 같이 심각하게 자기가 파편화되지는 않지만 온전한 응집력은 갖지 못한 어중간한 상태에 있는 사람들이다. 이들은 만성적으로 막연한 자기파편화의 불안에 시달리고, 과거의 구조를 유지하는 데 에너지를 사용하기 때문에 성숙한 성인으로서의 활동이 제한된다. 그래서 자기는 고착되고 파편화되어 낮은 자존감 혹은 성 정체성의 문제가 발생한다.

자기대상에 대한 좌절

아이는 자기대상과의 관계를 통해서 완벽하지 않은 부모의 모습을 발견할 때 실망과 좌절을 경험하지만 동시에 충분히 좋은 자기대상의 반응 실패는 오히려 아이로 하여금 자신의 내부에 그 실망과 좌절감을 극복하려는 본능적 요구를 불러일으켜 아이의 자율성을 키워주게 되는 응집적 자기의 출현에 도움을 준다.

적절한 좌절을 통해 아이의 내면에 형성되는 건강한 자율성, 응집적 자기의 출현과정을 변형적 내면화transmuting internalization 과정이라 부르며 이 변형적 내면화의 과정은 한 인간의 성숙을 위한 필수적 발달과정이다. 그러나 자기대상이 계속적으로 아이에 대한 좌절과 반응 및 공감에서 실패할 때는 아이의 응집적 자기의 구축에 심각한 손상을 가져와 결국 파편화되고 혼돈된 자기의 출현을 낳게 하는 근본 원인이 된다.

어린 시절 지속적인 거울욕구의 발달(공감적 반영과 인정) 결핍으로 인한 거울 자기의 구축에 실패한 개인은 대체로 두 가지 측면의 병리적 증상들을 드러내게 되는데, 하나는 정신신체 건강 염려증과 자기 몰입, 수치심과 대인관계의 당혹감 등으로 나타난다.

다른 하나는 무의식적으로 표현되는 과대적 자기에 대한 환상으로 표출된다. 과대적 자기에 대한 환상은 현실의 삶 속에서 자신의 활동에 대한 불만족의 느낌, 허무감의 느낌, 기쁨 없음, 성공에 대한 끝없는 동경, 건강한 자존감의 결여 등으로 표출되어 나타난다.

코헛은 거울욕구의 좌절에서 파생되는 자기의 파편화 현상을 수직분리vertical split와 수평분리horizontal split라는 용어로 설명하고 있다. 수직분리란 과대적 자기가 현실영역에서는 차단되지만 의식 속에 현존하는 것으로 그 증세는 허풍을 떨거나 내적 허무를 경험하는 증상을 말하며, 수평분리란 과대적 자기로 인해 현실자아가 억압되고 부정되는 증상을 말함인데 그 증세는 의욕상실, 자신감 결여, 막연한 우울증, 삶에 대한 피동적 자세 등이다.

1. 당신은 위에서 제시한 건강한 자기애의 특징 중 어떤 특성을 갖고 있는가?

2. 당신의 자기는 응집적 자기에 가까운가? 혹은 파편화되기 쉬운 자기에 가까운가? 뚜렷한 이유 없이 심신이 아프거나 힘이 드는 건강염려증으로 힘들어지는 않는가?

3. 당신에게 자기대상적 지지를 아끼지 않는 구체적 대상이 있었는가? 당신이 다른 사람한테 자기대상이 되어준 적이 있는가?

4. 당신은 부모를 어떻게 인식해왔는가? 존경해왔는가? 혹은 존경하는 인물이 있었나? 있었다면 왜 존경했으며 없었다면 존경하지 못하는 이유는 무엇인가?

5. 당신은 가끔 가슴이 텅 빈 것 같고, 내가 나같이 느껴지지 않을 때가 있는가?

6. 만일에 내가 나에게 말을 한다면 무슨 말을 할 것 같은가?

참고자료 ● ● ● ● ● ● ● ● ● ● ● ● ● ●

Cocks G. ed., *The Curve of Life: Correspondence of Heinz Kohut*, 1923 – 1981 (1994). University of Chicago Press, Chicago and London.

Kohut H. & Goldberg A. *How Does Analysis Cure?* University of Chicago Press. Chicago, 1984.

_____. *The Analysis of the Self: A Systematic Approach to the Psychoanalytic Treatment of Narcissistic Personality Disorders* N.Y.: International Universities Press. 1971.

_____. *The Restoration of the Self.* International Universities Press, New York. 1977.

_____. *How Does Analysis Cure?* (1984) Ed. Arnold Goldberg with Paul E. Stepansky. University of Chicago Press, Chicago and London.

_____. *Self Psychology and the Humanities* (1985) Ed. by Charles B. Strozier, 1985. W. W. Norton &Co., New York & London.

_____. *The Kohut Seminars on Self Psychology and Psychotherapy With Adolescents and Young Adults.* Edited by Miriam Elson. W. W. Norton & Co., New York &London. 1987.

Ornstein P. ed., The Search for the Self, Selected Writings of Heinz Kohut 1950-1978, Vol. 2 (1978). International Universities Press, New York. 1971.

Ornstein P. ed., The Search for the Self: Selected Writings of Heinz Kohut: 1978-1981. Vol. 3. (1990). International Universities Press, Madison, Connecticut.

Ornstein P. ed., The Search for the Self: Selected Writings of Heinz Kohut: 1978-1981. Vol. 4. (1991). International Universities Press, Madison, Connecticut.

Siegel A. *Heinz Kohut and the Psychology of the Self.* Routledge. 1996.

Tolpin P. & Tolpin M. eds., *The Chicago Institute Lectures* (1996). N. J. Hillsdale, The Analytic Press.

펄스
Frederick S. Perls

프레드릭 펄스Frederick Perls는 프리츠 펄스Fritz Perls라고 더 많이 알려졌다. 펄스는 베를린의 중하류층 유태계 가정에서 1893년에 출생했다. 그는 스스로 부모에게 폐를 끼치는 아이라고 판단했기 때문에 낮은 자존감에 시달리며 성장했다. 중학교에 들어갔으나 두 번이나 낙제하고 끝내 퇴학을 당하기도 했다. 고명한 집안의 아저씨를 따라 변호사가 되리라고 믿었던 펄스는 제1차 세계대전 때 독일군으로 전쟁에 참여했으며, 전쟁이 끝난 후에는 의대로 복교해서 뇌를 다친 전쟁 부상자를 치료하던 쿠르트 골드슈타인Kurt Goldstein 밑에서 뇌신경 심리학 전공의 의사가 되었다. 1930년 펄스는 로라와 결혼해서 두 자녀를 두었다. 유대인이고 반파시스트 활동을 했기 때문에 네덜란드로 이주했으며, 1년 뒤에 남아프리카로 건너가 정신분석가로 일하기 시작했다. 1936년에는 프로이트와 편치 않은 짧은 만남이 있었다.

펄스는 라이히와 호나이로부터 정신분석을 받았다. 그러던 중 정신분석학의 보수적이고 관념적인 사상에 반감을 느껴 1946년에 미국으로 이주하면서 정신분석학파에서 이탈하고 1952년에 자신만의 게슈탈트 치료 연구소를 세웠다. 결국 1960년에 LA로 떠나기 전에 뉴욕에 둥지를 틀게 되었다. 그는 버지니아 사티어의 초청으로 MRI센터의 부소장으로 재임했으며, 빅서 에솔렌 인스티튜트Esalen Institute에서 많은 워크숍을 진행했다. 그는 일본 선禪 사상에도 심취했다. 그는 부인 로라Laura Perls와 함께 게슈탈트라는 심리치료 방법을 형성했다. 그의 치료 방법은 게슈탈트 심리학, 또 게슈탈트 이론적 정신치료와도 다르다. 게슈탈트 치료과정은 감각의 자각, 신체적 경험 지각 등에 초점을 맞추고, 나와 환경 그리고 타인과의 접촉contact을 중요시했다.

그는 정신분석 훈련을 받았지만 골드슈타인의 유기체 심리학에 영향을 받았다. 그리고 '지금 여기에서 인간이 경험하는 것'이 실재라는 현상학의 영향을 받았으며, 이러한 현상학적 입장은 지금 여기에서 존재하는 인간의 문제를 다루는 실존주의와 맥이 닿아 있다. 이런 입장에서 펄스는 치료사와 내담자의 만남을 존재와 존재의 만남으로 보았으며, 이러한 만남, 즉 접촉은 전존재적 만남으로 기법이나 해석이 중요한 것이 아니라 지금 이 순간에 경험하고 자각하는 것이 더 중요하다고 믿었다. 이 외에 현재 경험을 추구하는 모레노의 사이코드라마, 선 사상의 영향도 받았다.

펄스는 연구와 강연을 통해 심리치료사로 명성을 얻기 시작했다. 펄스는 매우 독특한 성격을 지녔기 때문에 사람을 당황하게 만들곤 했다. 사티어는 자신의 워크숍에 와서 방해를 하는 펄스를 쫓아내고 문을 걸어 잠그기도 했다. 이렇게 그에 대한 평가는 성자와 같다는 호평에서 사기꾼이라는 혹평까지 다양하다. 그는 자유분방했으며 그 당시 히피 문화에 어울리는 인물이었다. 그의 카리스마는 추종자들이 종교적인 교주로 섬길 만큼 대단했고, 그 저변에는 실존주의와 현상학, 도가와 선 사상의 철학적 배경을 가지고 있었다.

  게슈탈트 치료 방법은 우리에게 많은 통찰을 안겨준다. 그리고 수용과 지지라는 이름 아래에 안주하는 치료사에게는 도전장을 보내고 있다. 펄스는 정확하게 인간의 내면에 대해 이해했을 뿐만 아니라 진정한 의미에서 사람들로 하여금 자기와 만나 활력 있게 살기를 촉구하고 있다. 한편 그의 직면적 치료 방법은 때때로 내담자에게 지나치게 두려움을 불러올 수 있다. 따라서 먼저 내담자가 이런 치료 방법론을 버틸 수 있는지 확인해야 한다. 이렇게 하기 위해서는 펄스가 이야기한 대로 치료사 자신이 지금 여기에 있을 때 치료사와 내담자가 만나 형성하는 게슈탈트를 자각하고 판단할 수 있어야 한다.

현재

펄스는 현재 경험에 초점을 맞추었다. 과거는 이미 사라졌고, 미래는 오지 않았다. 실재는 현재뿐이다. 과거의 경험 때문에 혹은 미래에 대한 불안 때문에 현재를 온전하게 경험하지 못하면 오염이 된 것이다. 삶이란 현재를 사는 것이다. 그러나 사람들은 여러 가지 이유로 현재에 온전히 존재하지 못한다. 따라서 펄스는 '왜'를 묻지 않고, '무엇이', '어떻게'를 묻는다. 지금 여기에서 경험하는 것이 가장 중요한 것이다. 즉 지금 여기에서 무엇을 어떻게 경험하고 있는가?

미해결 과제

상처로 인한 부정적 감정을 미해결 감정, 미해결 과제라 부른다. 부정적 감정을 경험하는 것은 내면에 불편함이 생겼으니 해결해 달라는 요청과 같은 것이다. 그러나 이런 감정을 해결하지 않으며, 그 감정을 억압하기 때문에 에너지가 소모된다. 따라서 미해결된 감정이 많을수록 에너지를 더 많이 소모하게 된다. 이런 감정을 해결하기 위해서는 우선 자기의 미해결된 감정에 대한 자각이 있어야 한다. 그리고 적절하게 감정을 표현하고, 그런 감정을 일으키는 상황을 해결해야 한다. 감정을 해결하기 위해서 과거로 반드시 돌아갈 필요는 없다. 현재 감정을 적절하게 표현하고 해결하면 된다.

회피

사람은 부정적 감정을 직면하기 두려워한다. 불편한 감정은 피하는 것이 오히려 그 순간에는 좋기 때문에 감정을 안 보려고 하고, 자각하지 않으려 하는 것을 회피라고 이름붙였다.

전경과 배경

해결되지 않은 과제들이 자꾸 전면으로 튀어나와 관심을 끄는데, 이를 전경이라 한다. 전경이 튀어나오는 것에 관심을 갖게 되고, 그렇지 않은 것은 배경으로 물러난다. 해결되지 않은 과제들이 많으면 현재에 집중하지 못한다. 이것을 해결하기 위해서는 내면의 욕구를 회피하지 않고 자각해야 하며, 그것을 해결해 배경으로 보내고, 현재의 욕구를 전경에 나오게 해야 한다. 최대한 현재에 머물면서 지속적으로 에너지를 집중할 때 현재에 사는 것이다.

자각하기와 차단

자각이란 개체가 자신의 유기체 욕구나 감정을 깨닫고 게슈탈트로 형성해 전경으로 떠오르게 하는 행동이나 능력을 말한다. 우리는 본래적으로 내면에 대해 자각할 수 있는 능력을 가지고 태어난다. 욕구나 감정을 드러내지 못하게 되면 깨닫기를 차단하게 된다. 그렇게 되면 해결되기를 바라는 깨달음에 대한 갈망이 전경으로 나오려고 하면서 혼란스러워진다. 그리고 에너지가 흐르지 못하고 어느 한 곳에 묶이며, 이 에너지가 드러나지 않기 위해서 또 다른 에너지를 사용하기 때문에 몸이 긴장하거나, 관심이 분산되거나, 틱과 같은 증상을 나타내거나, 혹은 멍하니 딴생각 등을 한다. 결과적으로 명확한 게슈탈트 형성에 실패하게 된다.

접촉-경계 혼란

환경과의 적극적인 교류접촉은 개체의 생존에 필수적이다. 접촉-경계 혼란이란 우리와 환경이 서로 직접 만나지 못하도록 둘 사이에 마치 중간층 같은 것이 끼어 있는 것이다. 이 중간층을 펄스는 마야maya라고 불렀다. 마야란 꿈꾸는 것 같은 환몽이며 개체와 환경이 만나는 것을 방해하는 것들로 저항이다. 이러한 저항을 펄스는 내사, 투사, 반전, 편향 등으로 설명하고 있다. 내사introjection는 외부의 신념이나 기준을 거르지 않고 꿀떡 삼키듯이 내 안에 들여와 소화시키지 못하고 있는 것으로 언제든지 도로 그대로 토해내게 된다. 이렇게 토해내는 것이 투사projection이다. 투사는 우리 안에 있는 것들을 특히 부정적이라고 판단되는 것을 외부의 환경이나 사람에게 던지는 것이다. 반전reversal이란 우리가 타인에게 하고 싶은 행동을 자신에게 하는 것이다. 남을 죽이고 싶은 사람이 자신을 죽이는 자살은 그런 예이다. 편향deflection은 방향을 잘못 잡는 것과 같이 우리의 초점의 방향을 흐리게 한다.

펄스는 변화를 위해서는 아래의 다섯 겹의 심리적 층을 깨뜨려야 한다고 설명했다.

1. 피상층 : 가장 외부적인 층으로서, 형식적이고 의례적인 규범에 따라 피상적으로 만나는 단계이다. 의례적인 인사 등이 이에 해당된다.
2. 공포층 : 개체가 고유한 자신의 모습으로 살아가지 못하고 환경의 요구에 의한 역할을 자기라고 믿으면서 사는 단계이다.
3. 교착층 : 개체는 이제껏 해왔던 역할 연기를 그만두고 자신의 모습으로 살려고 하지만 내면을 만나 자기대로 사는 것을 해보지 못했기 때문에 두려움을 느낀다. 동시에 그렇게 살지 못하면서 공허감을 느낀다. 그러나 이러한 감정을 회피하기 위해 농담으로 비껴가려 한다.
4. 내파층 : 이제까지 자신이 억압하고 차단해왔던 욕구와 감정을 알아차리게 된다. 내담자들은 자신이 느꼈던 두려움과 억압을 외부로 발산하면 타인과의 관계가 악화될 것이라는 두려움을 느끼기 때문에 이를 자신의 내부에서 폭발시킨다. 신체는 긴장되고 감정은 얼어붙는다. 처벌에 대한 두려움 혹은 타인과의 관계가 깨질 것 같다는 생각에 자신을 비난하기 시작하면서 혼란에 빠지는 것이다.
5. 폭발층 : 개체는 자신의 감정이나 욕구를 더 이상 억압하거나 차단하지 않고 표출하게 된다. 자신의 욕구와 감정을 분명히 알아차리

게 되며, 내담자는 자신의 미해결된 과제들을 떠올리면서 이제껏 자신이 지탱해왔던 모든 방법이 유아적인 것임을 깨닫게 된다. 이 시기의 내담자는 온몸으로 격한 감정을 표출하게 된다. 전경과 배경은 분명히 나뉘고 자신의 진실한 감정과 접촉하게 되며 자신의 가능성과 잠재된 에너지와 만나게 된다. 상처받은 마음과 세포가 하나로 온전히 통합되는 체험이 이루어지는 것이 마지막 단계인 폭발층이다.

1. 화가 몹시 나는 장면을 상상하라.

_____

_____

_____

2. 그 상황에서 어떤 반응을 하는지 상상하라.

_____

_____

_____

3. 자신의 반응이 어떤 층인지 확인하라.

_____

_____

_____

치료사의 태도

치료사의 태도는 모든 인간관계에 적용할 수 있는 방식이다.

　내담자라는 단어를 상대방이라고 생각해보라.

1. 상대방에 대한 관심과 감동할 수 있는 능력을 키운다.

치료사는 내담자의 말을 잘 들어 주어야 한다. 자신을 표현하기를 두려워하는 내담자들은 치료사 앞에서도 자기의 이야기를 하는 것을 두려워한다. 그들은 자신의 이야기를 하는 대신 자기에 대한 이야기나, 외부에 대해 이야기하려 한다. 이것은 자신의 내면이 별로 중요하다고 여기지 않거나, 드러내면 부정적 판단을 받을 것이라는 두려움 때문이다.

2. 상대방을 있는 그대로 받아들이는 허용적 태도를 취한다.

치료사는 내담자가 과거에 경험해보지 못한 수용을 경험하도록 도와주어야 한다. 내담자에게 지시하려 하거나, 도와주려 하거나, 충고하려는 것은 바로 이들을 병들게 한다. 따라서 치료사는 내담자가 자신의 삶을 살 수 있도록 허용해주어야 한다.

3. 상대방을 현재에서 접촉한다.

치료사는 지금 여기에서 온전하게 내담자를 만나야 한다. 그렇게 되면 접촉이 일어나고 에너지가 흐르고 교환될 수 있다. 치료사가 자기의 미해결된 과제를 해결하고 폭발층을 거친 후에 내담자도 그런 과정을 거칠 수 있도록 버텨주고 옆에 있어 주는 것이다. 인위적으로 어떤 경험을 강요하거나, 어떤 경험은 피하게 해주거나, 미해결과제를 지금 당장 해결하라고 강요하거나, 자기에게 익숙한 방식으로 살라고 해서는 안 된다.

4. 상대방의 자각과 접촉을 증진시킨다.

자각은 개체가 자신의 욕구나 감정을 지각한 다음 게슈탈트를 형성해 전경으로 떠올리는 것이다. 그리고 접촉은 전경으로 떠오른 게슈탈트를 해소하기 위해 환경과 상호작용하는 것이다. 치료사는 내담자가 경험하고 있는 것을 자각하게 도와주어야 한다. 내담자의 표정, 신체적 자세, 목소리의 변화, 언어적 표현 등을 주의 깊게 살피면서 이를 내담자에게 피드백해주어 자각을 높여야 한다.

5. 상대방의 좌절을 직면시키고 자신이 가치 있는 존재라는 것을 수용하게 도와준다.

치료사는 내담자가 벗어나야 할 의존적 태도와 행동들은 직면시켜 좌절감을 경험하도록 한다. 이러한 직면을 통해 내담자가 회피하고 있는 것을 자각시키고, 명료화해 변화를 추구할 수 있게 한다. 따라서 일반적인 지지와 여기에서 말하는 지지는 다르게 보일 수 있다. 단순한 감정적 지지가 아니라 그 사람의 존재에 대한 지지이다.

6. 상대방의 저항을 수용한다.

저항은 내담자가 유기체의 통합성을 위협하는 외부 압력에 대해 자신을 보호하려는 정당한 노력이다. 이러한 저항은 치료적 자료가 될 수 있다. 중요한 것은 치료사가 내담자의 저항이 자신을 보호하려는 저항인지, 치료사의 미숙한 접근에 대한 저항인지 분별할 수 있어야 한다는 점이다. 많은 치료사들이 내담자의 저항을 자신들의 미숙의 문제가 아닌 내담자의 문제로 돌리려는 경향이 있다.

조용한 장소에서 대화를 할 수 있는 사람을 선택하라. 그 사람이 자신의 이야기를 하도록 허락하라. 상대방의 이야기를 들으면서 위에서 이야기하는 것을 적용해보라. 과거의 대화와 무엇이 달랐는지를 확인하고, 대화 후에 느꼈던 감정을 나누어라.

1. 욕구와 감정 자각

게슈탈트 치료를 통해 자신의 욕구와 감정들을 자각하도록 질문하는
기법이다.

> "지금 느끼는 감정에 집중해보시기 바랍니다."
> "지금 마음속 깊은 곳에서 올라오는 것이 무엇인지 느껴보세요."

2. 신체 자각

게슈탈트 치료의 목표 중 하나는 내담자가 자신의 욕구에 대해 전경
과 배경을 분명히 지각할 수 있게 하는 것이다. 내담자는 상담 중에
자신의 에너지가 어느 한 곳에 집중되는데 이는 억압이 원인일 수 있
다. 이러한 집중은 근육의 긴장이나 통증으로 나타나기도 한다. "지금
몸으로 느끼시는 것은 무엇인가요?", "지금 눈물을 흘리시는데 눈물
이 무엇을 말하는지 자각해보세요.", "당신은 지금 어깨를 움츠리고
있습니다. 알고 있습니까? 당신의 목소리가 갑자기 쉰 소리가 납니다.
그 목소리가 무엇을 말하고 있습니까?"

3. 환경 자각

내담자들은 자신들의 미해결된 문제에 집중되어 있으면 전체를 볼 능
력이 떨어진다. 환경에 대한 자각을 할 수 있어야 주변의 상황에 무엇

이 일어나는지 알 수 있다.

4. 언어 자각

내담자들이 사용하는 언어는 자기가 경험하고 있는 사실조차도 자기의 것이 아닌 것처럼 말하는 경우가 많다. 예로, "인간이 다 그런 것 아닙니까?", "아마 그렇게 생각한 것 같습니다.", "그런 것 같습니다." 등으로 자기가 경험한 것을 객관화하거나 애매모호하게 만든다. 결국 자신의 내면이나 행동에 대한 책임을 회피하는 것이다. 따라서 언어적 표현을 지적하고 분명하게 자신에 대한 책임을 지도록 도와주어야 한다.

5. 과장하기

자신에 대한 확신이 없는 내담자는 자기에 대한 말을 할 때 마치 이 세상에 자기가 말할 권리가 없는 것처럼 작게 말한다. 이때 다시 한 번 그 문장을 조금 전과 같이 의도적으로 작게 해보라고 권한다. 이것은 내담자가 자신이 어떤 상황을 만들고 있는지를 자각하게 해준다.

6. 반대로 하기

자기가 원하는 것을 요구할 수 없는 내담자들은 하고 싶은 것과 오히려 반대되는 행동을 한다. 이럴 때 치료사는 내담자가 정말 하고 싶은 행동이 무엇인지를 정확하게 파악한 후에 내담자가 해오던 방식과는 반대로 하게 한다. 그래서 억압하고 있는 욕구나 감정을 표출해 자기와 만나게 도와준다.

7. 머물러 있기

내담자가 피하고 싶은 미해결된 과제를 푸는 역설적인 방법이다. 계속 감정을 회피하는 내담자에게 지금 그 고통스러운 상태 그대로 그 감정에 머물러 있기를 권하는 것이다. 이 기법은 자신의 고통스러운 감정을 자각하고 받아들여 완결시키고자 한다. 많은 사람들이 자기와 만나지 않으려 하기 때문에 자기와 만나는 것을 촉진시키는 데 좋은 방법이다.

8. 빈 의자 기법

게슈탈트 치료에서 가장 많이 그리고 효과적으로 자주 사용되는 기법이다. 내담자에게 빈 의자에 미해결된 감정을 자극하는 대상이 있다고 예상하고 말을 걸도록 시킨다. 그리고 의자를 바꿔서 다시 그 사람의 입장에서 말하도록 시킨다. 이를 통해 자신의 내면세계를 명확히 인식시킬 수 있다. 미해결된 과제가 많은 사람일수록 생각이 많고 복잡하며 무언지 모를 삶의 무게에 짓눌리게 되는 것이다. 이들은 자신이 느끼는 것이 무언지조차 알지 못한다. 그러나 대신 느껴주고 대신 말해주는 것보다 자신을 직면하는 게 더 낫다.

9. 자기 부분들 간의 대화

대부분의 내담자들은 자기 내면에 있는 다양한 목소리를 지각하는 데 어려움을 느낀다. 예로, 자발적이고 자연스러운 욕구에 대한 목소리마저도 그것이 이기적이라고 비난하는 다른 목소리에 의해 잠식당한다. 이 초자아의 음성을 대화를 통해 그 세력을 줄이는 것이다.

10. 꿈 작업

강한 공격성을 억압하고 있는 사람이 쫓기는 악몽을 꾸었다면 상담자는 그가 마치 살인자가 되어 사람을 쫓아가는 역할을 해볼 것을 권한다. 그럼으로써 내담자는 자신의 공격성을 명료히 지각하게 되고 이를 억압할 필요를 못 느낀다. 꿈 작업을 하면서 중요한 것은 마치 꿈의 내용이 사실인 것처럼 꿈의 각 부분을 연기해보도록 시킨다. 그렇게 하면 내담자는 투사된 감정을 자신 안으로 통합시킬 수 있다.

11. 실험

어떤 행동이나 상태를 두려워해 지나치게 반응하는 내담자에게 오히려 그 행동이나 상태를 실행해보도록 직면시킨다. 손이 더러워지는 것을 두려워하는 내담자에게 손에 흙을 묻히게 한다던가, 자기가 유치한 아이같이 될까 봐 두려워하는 사람에게 오히려 어린아이같이 행동하도록 요구하거나 한다.

1. 당신이 무언가 마음이 불편했던 상황을 찾아보자.

그때 느꼈던 당신의 감정은 무엇인가? 억누르고 있는 감정이 있는가?

그때 당신의 몸은 어떻게 반응했는가?

그때 가장 중요하게 떠오르는 것은 무엇이며 뒤로 물러서는 것은 무엇인가?

뒤로 물러선 것에 초점을 맞추어보자. 그리고 다시 중요하게 떠올렸던 것에 초점을 맞추어라. 처음과 똑같이 중요하게 느껴지는가, 아니면 좀 약화되었는가?

그때 마음에서 들려오던 소리들이 있는가? 이 소리들이 서로 갈등하고 있었는가?

그때 마음이 불편했던 것이 어떤 사람 때문이었다면 그 사람이 앞의 의자에 앉아 있다고 생각하고 하고 싶었던 말이나 행동을 해보라. 느낌이 어떠한가?

2. 당신이 싫어하는 행동이 있는가? 그 행동을 더 많이 해보라. 손을 자꾸 씻는 행동을 한다면 손을 하루 종일 씻지 않고 지내보라.

3. 당신이 사람들과 대화를 하는 것을 녹음하라. 당신이 말할 때 반복되는 습관이 있는지 확인하라. 당신이 원하는 바를 정확하게 전달하고 있는지 확인해보라.

4. 당신을 늘 멍하게 만드는 과거의 기억이나 평소에 느끼는 반복되는 불안이나 근심이 있는가? 그것의 실체가 무엇인지 지금 여기에 머물러보라. 그리고 그것과 직면해보라. 그것이 가장 바라는 것이 무엇인가?

참고자료

Perls, F. Ego, *Hunger and Aggression*. Random House. 1942, 1947.

Perls, F. Hefferline, R., & Goodman, P., *Gestalt Therapy: Excitement and Growth in the Human Personality*. Dell Publishing. 1951.

_____. *In and Out the Garbage Pail*. Real People Press. 1969.

_____. *The Gestalt Approach and Eye Witness to Therapy*. Science and Behavior Books. 1973.

_____. *Gestalt Therapy: Excitement and Growth in the Human Personality*. N. Y. : Gestalt Journal Press. 1977.

Polster E. and Polster M. *Gestalt Therapy Integrated: Contours of Theory & Practice*. N. Y. : Vintage. 1974.

Zinker J. *Creative Process in Gestalt Therapy*. N. Y. : Vintage. 1978.

스키너

B. F. Skinner

스키너는 1904년에 펜실베이니아 주의 조그만 도시에서 태어나고 성장했다. 가정환경은 따뜻하고 안정적이었다. 아버지는 평판 좋은 변호사였고, 어머니는 가정에 충실하고 근검하며 자애로운 사람이었다. 그의 부모는 벌보다는 적절한 보상을 하면서 양육을 했고, 아들이 사회규범을 잘 지키는 사람으로 자라기를 바랐다. 그는 태어나서 대학교에 갈 때까지 한 집에서 성장했다. 문학과 미술을 좋아해 작가가 되기를 바랐지만 문학의 한계를 깨닫고 과학을 통해서 인간의 행동을 이해하고자 했다. 스키너는 러셀의 논문을 통해 행동주의를 발견하게 되었고, 행동주의를 연구하기 위해 하버드대학교 대학원에서 심리학을 전공했다. 이 시기는 그가 행동주의자로서 이론을 단단히 쌓으면서 생리학 교수인 크로지어 밑에서 실험에 박차를 가하던 때였다. 박사학위를 취득한 뒤에는 하버드 의과대학에서 동물의 신경체계에 대한 연구를 했다. 그 후 미네소타대학교에 심리학과 교수로 취임했는데 이 시기에 스키너는 행동주의 학파의 선구자적 위치에 확고히 올라서게 되었다. 유기체의 행동(The Behavior of Organization, 1938)을 출판한 후에는 이 책의 내용을 중심으로 자신의 이론을 확대시켰다. 그 후에 인디애나대학교에 취임했고, 다시 하버드대학교로 옮긴 후 심리학 교수로 활동하다가 은퇴했다. 환경조성을 통해 사람을 마음대로 만들 수 있다는 저서 월든 투(Walden Two, 1948)는 지금까지도 행동주의의 초석이라고 평가받고 있다.

스키너는 인간의 성격을 결정짓는 것은 환경이라고 믿었다. 그는 주위 학자들의 행동 특징뿐만 아니라 모든 사람들의 행동을 전부 연구 자료로 삼았다. 심리학이 과학적이기 위해서는 분명하게 드러나는 유기체의 행동만을 연구해야 한다고 주장했다. 그는 성격이 따로 존재하는 것이 아니라고 생각했다. 그는 정신 혹은 심리과정은 관찰할 수 없기 때문에 과학과는 무관하다고 믿었다. 행동을 예측할 수 있는 단 하나의 방법은 행동을 유발시킨 외부환경에서 요인을 찾고, 그 요인을 조절하면 행동도 조절할 수 있다고 생각했다. 결국 모든 행동은 결과에 의해 통제될 수 있고, 뒤따르는 행동은 강화물에 의해 통제할 수 있다고 믿었다.

스키너는 인간 행동의 일반적 법칙을 찾고자 했으며 개인차에는 별로 관심이 없었다. 그는 동물들의 행동이 근본적으로 인간의 행동과 다르지 않고 인간보다 간단하기 때문에 인간 행동 연구를 위해 동물들의 행동을 연구했다. 실험대상이 동물이기 때문에 유전적인 요인들과 실험환경을 통제할 수 있고 인간을 대상으로 하는 것보다 더 오랜 시간 동안 관찰할 수 있으며, 더 위험한 환경에 노출시킬 수도 있고,

실험자를 배제하지 않아도 되는 이점이 있어서 동물 실험의 장점을 옹호했다.

스키너는 조작적 조건화의 원리 — 행동 변화는 긍정적 혹은 부정적 강화가 있을 때 지속된다는 것 — 에 근거해 이론과 치료법을 체계적으로 발전시켰다. 스키너에 의하면 인간은 내적이며 창조적인 어떤 힘에 의해 행동한다기보다는 유전적 요인과 환경에 따라 조건지어지는 존재이다. 따라서 행동이 일어나기 전의 상황, 일어난 상황에 반응하는 과정, 반응에 따르는 결과를 분석하고, 개인의 유전적 요인과 그 사람의 행동의 역사를 분석한 결과까지 포함해 행동 변화를 위한 체계적 방법을 제시할 수 있었다.

스키너는 인간은 환경에 의해 결정지어진다고 보는 동시에 환경을 적절하게 설계하면 우리의 미래를 스스로 통제할 수 있다고 믿었다. 스키너는 성격이 아니라 행동을 진단했으며 행동 발생의 빈도, 행동이 발생하게 된 상황, 행동과 연관된 강화물에 대한 분석을 통해 기능의 효과성을 측정했다. 그 방법으로는 직접관찰, 자기보고, 생체변화의 측정 등을 사용했다. 직접 관찰은 주관적 오류를 극소화하기 위해서 두 사람 이상의 관찰자가 대상을 살피는 것이며, 자기보고는 행동에 대한 질문들에 스스로 대답하는 것이다. 그리고 사인sign 접근법은 성격을 진단하기 위해 사용하는데 그 사람의 반응에 따라 그 사람의 성격적 특성과 기질을 알아채는 것이다.

비록 스키너의 이론과 연구방법론이 매우 객관적인 접근법이라 인간을 설명하는 성격이론과는 무관한 것으로 보이고 메마르게 느껴지지만 상담 분야에서는 의외로 많이 사용되고 있다. 특히 인지이론이

통합된 인지행동주의 이론은 사람들의 문제행동을 교정하는 데 널리
사용되고 있다.

행동의 관찰과 기록

행동을 관찰하고 기록하는 것은 행동 수정의 기본이므로 자료를 정확히 기록한다면 행동 변화에 매우 효과적이고 유익하다. 빗금이나 숫자 등 관찰한 것을 회상하고 기록하는 데 도움이 되는 것은 무엇이든 사용해도 좋다.

1. 다음 페이지에 있는 수행불안에 대한 행동 체크리스트를 복사해 10분마다 8회에 걸쳐 한 사람을 관찰한 것을 기록해보라. 어떤 행동이 일어난 시기를 나타낸 칸에 표시하라. 같은 행동이 그 시기 동안 여러 번 관찰되면 여러 번 표시해도 좋다. 8회에 걸쳐 일어난 각 행동은 얼마나 일관성이 있었는가? 또 각각의 행동은 몇 번이나 나타났는가? 관찰한 사람이 불안한 사람의 특징을 나타냈는가? 체크리스트의 20개 행동 모두가 '불안'의 지표라고 믿는가? 그렇다면 그 이유는 무엇인가?

2. 흡연이나 껌 씹기, 좋아하는 음식 먹기 또는 TV 시청 등 당신의 특별한 습관 중에서 한 가지를 골라보라. 일주일간 그 행동이 나타난 시간과 장소, 그 행동에 소요된 시간을 기록해보자. 기록 첫날과 마지막 날의 총계를 비교해보라. 빈도에 변화가 있는가? 변화가 있다면 그 이유를 설명할 수 있는가?

관찰된 행동	시간
	1 2 3 4 5 6 7 8

수 행 불 안 행 동 체 크 리 스 트

관찰된 행동	시간 1 2 3 4 5 6 7 8
1. 보폭	
2. 동요	
3. 질질 끄는 걸음걸이	
4. 무릎 떨림	
5. 과다한 팔, 손의 움직임(흔들거나 무언가 긁기)	
6. 팔의 경직	
7. 억제된 손놀림(주머니에 넣기, 주먹을 꽉 쥐기 등)	
8. 손의 떨림	
9. 눈 맞춤이 없음	
10. 얼굴 근육의 경직	
11. 무표정한 얼굴	
12. 창백한 얼굴	
13. 얼굴 붉힘	
14. 혀로 입술 축이기	
15. 침 삼키기	
16. 헛기침	
17. 가쁜 숨 쉬기	
18. 땀 흘림(얼굴, 손 등)	
19. 목소리의 떨림	
20. 말더듬이나 막힘	

자신의 행동 수정하기

1. 과목별로 할애한 공부시간을 기록해보라. 간단한 막대그래프가 기록하기 편하다면 막대그래프로 그려도 좋다. 일주일 동안의 제한선을 설정해 기록하고 가장 많은 시간을 할애해야 한다고 생각되는 과목을 골라보라.

....

다음 주간 동안 그 과목을 공부할 때마다 스스로에게 정적 강화(자기가 하고 싶은 행동을 허락하기)를 제공해보라. 강화는 당신이 정말 좋아하는 것으로 하고 스스로에게 강화를 준 때를 기록하라. 일주일 동안 그 과목을 공부하는 시간이 증가했는가? 만일 그렇다면 원인이 무엇인가?

....

....

....

2. 평소의 행동을 고려해볼 때, 당신은 그다지 즐겁지 않은 과제를 수행하기 전에 암암리에 또는 드러나게 보상받을 것의 양이나 성공 가능성을 고려한다고 생각하는가? 기대나 가능성, 결과의 가치가 과제 수행에 투입된 에너지의 양에 어떤 영향을 주었는가?

....

....

....

1. 이 실험은 선택적으로 말의 한 부분 또는 어떤 종류의 말에 보상을 주어 언어적 행동을 조건화할 수 있다는 연구에 따른 것이다. 이때 강화는 간단히 고개를 끄덕이거나 '으음', '그렇지'라고 말해주는 것으로 한다.

   함께 이야기할 사람을 고르고 실험 의도를 밝히지 않은 채 그 사람이 대화 중에 특별한 행동(예 : 길고 복잡한 단어, 정서를 드러내는 말, 결심을 나타내는 말 등)을 나타낼 때마다 고개를 끄덕이거나 동의를 표해보라. 강화를 계속함에 따라 이런 표현의 횟수가 증가하는지 살펴보라.

2. 강의실을 이리저리 거닐면서 강의하는 스타일을 가진 강사를 선정하라. 실험을 주도하는 사람은 참여 의사가 있는 수강생들로 하는 것이 좋다. 실험의 내용은 강의 도중 강사가 강의실의 어느 한 방향으로 움직이는 것을 강화하는 것이다. 예를 들어 강의를 하다가 강사가 오른쪽으로 몸을 돌리거나 그 방향으로 걸어갈 때마다 실험에 참여하는 사람들은 앞으로 몸을 기울이고 열심히 필기를 하거나 강의 내용에 주목하도록 하고, 만일 강사가 왼쪽으로 돌면 실험의 참가자들은 긴장을 풀고 산만한 태도를 취하고 강의에 주의를 기울이지 않도록 한다. 몇 차례의 강의 시간 동안 실험을 반복하다 보면 나중에는 강사가 강의시간의 대부분 동안 강의실의 한쪽 구석(여기서는 오른쪽)에 머무르며 수업을 진행한다는 것을 발견하게 될 것이다. 단, 이 실험은 가능한 한 심리학과 교수나 강사에 한정하는 것이 좋으며 이들은 실험 후 설명을 들으면 질책하기보다는 아마도 당신의 근면성에 대해 행동주의 차원에서 선의로써 강화해줄 수 있을 것이다.

처벌

당신의 행동 중 고쳤으면 하는 것을 하나 골라 적어보라(수업에 늦는 것이나 수업 중 쪽지를 쓰는 행동, 과식, 늦잠자기, 낯선 사람에게 무례한 것 등). 만일 결혼을 했거나 룸메이트가 있다면 각자 하나씩 습관을 선택하고 서로 도움을 줄 수도 있다. 표적행동을 결정했으면 그 행동을 할 때마다 스스로를 처벌하거나, 함께 실험에 참가하는 동료에게 당신을 벌하도록 한다. 사용되는 처벌은 모욕적인 발언(예 : 어이, 돼지야 또 먹냐?)이나 어떤 처치를 하지 않는 것(예 : 저녁 간식을 먹지 않는다), 다른 어떤 것을 빼앗는 것들이 될 수 있다. 간단한 처벌 중 하나는 표적행동을 할 때마다 벌금을 내고, 모인 벌금은 기부하도록 하는 것이다. 또는 벌금을 실험에 함께 참여하는 동료에게 준다면 관계가 강화되어 동료 역시 실험에 열중하게 될 것이다. 일주일이 지난 뒤 개선이 된 점이 보이는지 확인해보자. 표적행동이 증가 또는 감소했는가? 이 실험에 대해 어떻게 생각하는가?

정적 강화

표적행동에 대해 처벌하기를 그치고, 이번에는 더 자주 하기를 바라는 행동을 골라보라. 이 행동을 할 때마다 자신을 강화해보자. 동료로부터 작은 선물이나 칭찬, 스티커 등을 받도록 하라. 아마도 주목받는 것 자체가 가장 효과적인 보상 중 하나가 되어 당신과 동료 모두가 표적행동이 일어나는 것에 주의를 기울이게 될 것이다. 일주일 후 행동 패턴을 살펴보라. 어떤 변화가 있었는가? 이외에도 당신의 생활 중에서 처벌과 보상이 끼친 효과의 다른 예를 생각해보라.

....

....

....

체계적 둔감화

이 훈련은 치료자의 실제 치료 절차를 보여주려는 것이 아니라 행동의 단일 항목에 초점을 맞출 때 일어날 수 있는 어떤 역동을 훈련하는 방법을 가르쳐준다. 이 훈련은 어려운 것이며 조심스럽게 실행해야 한다.

문제를 확인하기

언젠가 느낀 적이 있는 두려움, 또는 공포를 떠올려보자. 뱀이나 피, 벌레, 고소공포증이 좋은 예이다. 생각이 잘 나지 않는다면 어떤 주어진 상황에서의 이런 종류의 정서적 반응을 떠올려보라. 예를 들자면 당신은 경찰차가 당신 차 뒤에 오고 있을 때마다 불안할 수도 있고 누군가가 당신의 종교에 대해 언급할 때마다 방어적이 될 수도 있을 것이다. 여기서 필요한 것은 이런 정형화되고 불안한 반응이다.

이완하기

편안한 의자에 앉거나 누워 온몸에 긴장을 풀고 이완해보라. 몸의 각 부분에 집중하고 나서 각 부분이 이완하는 것에 주목하라. 발가락 끝과 발, 발목, 무릎, 다리 순으로 점차 이완한다. 이것은 시간이 조금 걸리는 과정이므로, 스스로 이완시킬 수 있다는 확신이 들 때까지 얼마 동안 점진적으로 이완하는 훈련을 하도록 한다. 몸의 어느 부분이 이완되지 않는다면 그 부분에 강하게 긴장을 가했다가 갑자기 긴장을 풀어보라. 곧 그 차이를 느낄 수 있을 것이다.

둔감화의 첫 단계

이제 당신이 이완되고 각성되었으면 공포를 느끼게 하는 것과는 거리가 먼 것을 생각하거나 현재 가지고 있는 어떤 버릇에 대해 생각하라. 만일 뱀에 대한 두려움이 있다면 다른 나라에서만 나타나는 작고 해롭지 않은 뱀에 대해 읽는 것을 생각해보라. 경찰에 대한 두려움이 있다면 서커스에서 풍선을 나눠주는 경찰 복장 차림의 어릿광대를 떠올려보라. 노력해야 할 것은 신체적으로 이완된 동안 불안을 유발하는 자극에 관계된 이미지를 마음속에 계속 유지하는 것이다. 이런 이미지를 떠올리는 동안 다시 긴장된다면, 이미지에 집중하는 것을 멈추고 일단 다시 이완될 때까지 처음으로 되돌아가도록 한다.

둔감화의 촉진

둔감화의 다음 단계는 더 실제적인 이미지나 상황을 그려보는 것이다. 그다음에는 불안을 일으키는 실제 대상이나 실제 상황을 마음속에 뚜렷이 떠올리거나 상상한 채로 이완상태를 유지하도록 한다.

예를 들어 뱀 공포증의 경우, 뱀에 대한 것을 읽거나 사진을 보는 것을 떠올린 다음, 나아가 방을 가로질러 멀리 떨어진 곳에 뱀 우리를 놓아두고 차차 가까이 옆으로 가져온 후에 결국에는 뱀을 손으로 들어보는 것까지가 이 단계에 해당된다.

가로, 세로가 각각 3cm, 5cm인 카드를 만들어 각각 단계별로 이미지를 그려보자. 한 이미지에서 이완될 수 없다면 다음의 이미지나 상

황으로 넘어가지 않아야 하며, 훈련을 하는 동안 계속 이완을 하도록
한다.

참고자료 ● ● ● ● ● ● ● ● ● ● ● ● ● ●

Goldfreid, M. R. & Merbaum, M. *Behavior Change Through Self Control*. N. Y.: Holt, Reinhart And Winston. 1973.

Linsey, O. R. Skinner, B. F. & Solomon, H. C. *Studies In Behavior Therapy*. Status Report 1, Waltham, MA: Metropolitan Status Hospital. 1953.

Skinner, B. F. Walden Two. N. Y.: Macmillan. 1948, 1976.

_____. *The Behavior of Organisms: An Experimental Analysis*. 1938.

_____. *Science And Human Behavior*. N. Y.: Macmillan. 1953.

_____. *Beyond Freedom And Dignity*. N. Y.: Bantan Books. 1953.

_____. *The Analysis of Behavior: A Program for Self Instruction*, with James G. Holland. 1961.

_____. *Cumulative Record*. N. Y.: Appleton Century Crofts. 1972.

_____. *About Behaviorism*. N. Y.: Knopf. 1974.

_____. *The Technology of Teaching*. N. Y.: Appleton-Century-Crofts. 1968.

반두라
Albert Bandura

반두라는 1925년 캐나다 앨버타 주에서 6남매 중 막내 외아들로 태어났다. 그는 인구가 아주 적은 외진 시골마을에서 성장했으며, 학교까지 가기가 너무 멀어 혼자 공부를 했다. 이런 환경에서도 반두라가 학업을 지속할 수 있었던 것은 그에게 공부하고 싶은 동기가 있었기 때문이다. 이러한 자율적인 동기는 그의 이론의 기초를 이루고 연구의 주제가 되었다. 그의 부모도 반두라가 이런 환경에서 벗어나 모험을 할 수 있도록 지지해주었다. 고등학교를 졸업한 후에는 알래스카 하이웨이가 가라앉는 것을 막기 위한 작업에 참여했다. 그 당시에 같이 일하던 노동자들의 음주, 도박 등의 행동을 보면서 반두라는 인간에 관한 관점을 넓히게 되었고 심리적 병리현상에 대해 관심을 갖게 되었다.

반두라가 심리학을 공부하게 된 계기는 캐나다의 브리티시컬럼비아대학교에 다닐 때 오전 수업이 없어 심리학 과목을 들으면서 시작되었다. 그가 아이오와대학교에서 석·박사과정을 전공할 때 그의 지도교수는 매우 진보적인 심리학자였다. 그는 실험심리학, 표상, 상호결정론 등에 심취한 사람이었다. 지도교수의 영향은 반두라가 모델링을 이해하는 데 있어서 정신분석과 성격이론, 그리고 그 당시 지배적이었던 행동주의와도 결별하게 만들었다.

반두라는 스키너가 사람들의 상호작용을 연구하기보다 동물 연구를 중심으로 이론을 형성했다는 점을 비판했다. 반두라는 스키너보다 한 걸음 더 나아가 인간은 스스로 경험하지 않아도 대리 강화물을 통해서 행동을 학습할 수 있다고 주장했다. 이와 관련된 반두라의 보보인형 실험(1961)은 매우 유명하다. 이 실험에서 아이들이 어른의 행동에 영향을 받는 것이 밝혀졌다. 즉 아이들이 어른의 공격적 행동을 관찰한 후, 보보인형을 지속적으로 때리는 행동이 관찰된 것이다. 이와 같이 사람은 다른 사람들의 행동을 관찰하고 그들의 행동 결과를 보면서 자신도 같은 행동을 하면 같은 결과가 나올 것이라는 기대를 가지게 되면서 행동을 한다. 즉 인간 행동은 처벌과 강화의 조작적 조건형성에 의해서가 아니라 관찰학습을 통해 시행착오를 하지 않고서도 바람직한 행동을 배울 수 있다는 것이다. 사회학습이론에서는 세 가지 주요 조절 체계가 있는데 첫째는 반응행동 전에 관찰된 행동이 가장 큰 영향을 끼치며 이때 일어나는 반응이 사회적으로 적절해야 한다. 둘째로, 반응 뒤에 따르는 경험이나 관찰의 강화물이 미래의 행동을 결정짓는다. 셋째로, 사회적 학습과정에서 인지가 중요한 역할을 담당하는데 예를 들면 이미 과거에 경험한 분노나 환경과 비슷한 경우에 더 공격적 행동을 하게 만든다. 이 세 가지 요인이 하나의 체계를 이루고, 이 세 가지 요인이 충족될 때 행동 변화가 더 많이 발생한다. 이와 같이 반두라는 사회학습과 공격성에 대해 연구했으며, 사회적 모델링과 인간의 동기에 대해서 연구했다. 그는 사회학습이론에서 이야기하듯이 새로운 행동을 배우는 데 있어서 모델링이 매우 중요한 요인이며, 특히 학교 같은 제도화된 환경에서 행동 변화를 이루게 하는 데 매우 유효하다는 것을 발견하게 되었다.

반두라는 사람들이 자기조절self-control이나 자기강화self enforcement를 할 수 있는 것은 자극과 반응 사이에 인지과정이 작용하기 때문이라고 설명했다. 즉 다른 사람의 행동을 관찰하고 행동을 하는 모델링에는 인지과정이 개입되어 있다. 반두라는 직접적 경험을 통해 행동을 변화시키려 할 때에는 시간이 많이 걸리고 비효율적이며 위험성도 따르기 때문에 모방에 의해 행동을 학습시키는 것이 효율적이라고 주장했다. 반두라는 어린아이들이 타인의 공격적 행동을 관찰한 뒤에 공격성이 높아지는 것을 알게 된 후에 사람은 실제로 타인의 행동을 보거나 혹은 TV나 만화를 통해서도 모방행동을 한다고 주장했다. 사람들은 억제하고 있던 것들을 모델의 행동을 봄으로써 쉽게 드러내어 행동할 수 있게 된다. 따라서 반사회적 행동이나 신경증적 증상도 부적절한 모델의 행동을 관찰하고, 그 행동을 학습해 행동에 옮긴 결과이다.

모델링의 효과는 자신과 나이, 성, 성격적 특징의 요인들이 비슷할 때, 자신의 문제와 비슷한 문제를 해결하는 것을 관찰했을 때, 그리고 사회적으로 명예나 높은 위치에 있는 사람이 행동할 때 더 높은 결과를 낸다. 연구에 따르면 단순한 행동이 복잡한 행동보다 더 쉽게 배울 수 있고, 공격적 반응이 더 잘 모방되었다. 다른 사람의 행동을 모방하고자 하는 사람들은 자신감과 자존감이 낮게 나타났는데 이들이 이렇게 된 것도 과거에 다른 사람의 행동을 모방했을 때 강화되었기 때문이다.

반두라는 특히 모델링의 효과에 대해서 다음과 같이 설명한다. 첫째, 모델링을 통해 새로운 반응이나 기술을 인지함으로써 행동을 배우게 된다. 둘째, 모델링을 통해서 두려움이나 공포가 야기되는 행동이 제지되는 것을 배움으로써 두려움이나 공포를 야기하는 행동을 하지 않는 것을 배우게 된다. 셋째, 모델링을 통해 경쟁심이나 호기심을 유발해 비슷한 모방 행동을 하게 된다. 이러한 관심은 반두라로 하여금 사회심리학에 관심을 갖기 시작하게 만들었으며, **사회학습과 성격발달**(Social and Personality Development, 1963)을 저술하게 되었다.

반두라의 사회학습에 대한 관심은 1980년대 이후 심리학의 방향을 바꾸었다. 특히 그는 뱀 공포증 환자가 스스로 공포증을 증가시키는 과정을 보면서 이 과정에 대한 실험을 하게 되었다. 1970년대 들어서 반두라는 이 연구를 자기강화self-reinforcement에서 신념belief의 역할에 대해 탐색하게 되었다. 즉 사람들은 어떤 상황에 대한 반응을 스스로 더 강화하는 경향이 있다는 것이다. 따라서 이 과정에 부정적인 신념 대신에 긍정적인 신념을 갖게 하면 증상이 완화될 것이라는 가설을 세우게 된다. 찰스 브라이트라는 학자가 2004년에 반두라의 가설을 전쟁 후유증을 심각하게 앓고 있는 퇴역 군인들과 허리케인 경험을 한 사람들에게 적용한 결과 인지적, 신체적 경험을 이겨내고 정상적인 삶을 살아가는 결과를 확인했다. 자기강화의 관점은 자기효율성의 연구로 이어졌다.

반두라는 생각과 행동의 사회적 기초: 사회인지이론(Social Foundaion of Thought and Action: A Social Cognitive Theory, 1986)에서 인간의 적응과 변화 과정에서 주요 역할을 담당하는 사회인지이론을 이야기하고 있다. 이 이론의 주관심은 인간은 단지 사회환경에 의해 형성되는 것이 아니라 스스로 자기를 조직하고, 행동하려 하고, 생각하고, 조절하려는 내적 충동에 의해 자기를 형성하는 존재라고 주장했다. 이런 내적 과정의 결과는 자기효율성으로 이어지는데 자기효율성은 과제와 목표를 달성하는 자신의 능력에 대한 신념의 강도를 말한다. 반두라는 이러한 내용을 담은 자기효율성: 통제훈련(Self Efficacy: Exercise of Control, 1997)을 출간했다. 그 후 반두라는 공포증에 대한 연구 이외에도 교육과 자기효율성에 대해 더 많은 연구를 했다. 특히 반두라는 그의 사회인지이론을 바탕으로 도덕적 가치, 도덕적 이성, 그리고 도덕적 행동에 대해 많은 연구를 했다. 인간의 이런 측면을 촉진하기 위해서는 사회심리적 측면에서 강화되어야 한다고 믿었다. 그는 인간은 도덕적 존재로서 도덕적 행동을 하려 하고, 도덕적이지 않은 행동은 안 하려 하는 경향이 있는데 이런 경향을 촉진하기 위해서는 인지구조의 재구조화가 필요하다고 보았다. 즉 도덕적 정의구현, 언어의 정화, 사회적 비교 안 하기, 책임을 피하려는 행동 안 하기, 자신의 행동이 다른 사람에게 피해를 주는 것을 최소화하기, 피해자에게 오히려 책임을 전가하기 등의 행동을 하지 않는 방향으로 재구조화되어야 한다고 주장했다.

반두라의 주장을 정리하자면, 사람은 유아기에는 가까운 사람들의 행동을 즉시 흉내 내는 것만 가능한데, 두 살 정도가 되어 인지능력이 생기면서 관찰한 행동을 점차 흉내 낼 수 있다. 유아와 어린아이는 주로 신체적 자극에 의해 강화되는 데 비해, 성장한 사람들은 다른 사람에게 인정을 받느냐 못 받느냐에 따라 더 강화된다. 또 다른 사람들에게 받았던 인정을 내면화시켜 자기에게 그 기준을 적용해 인정받았던 행동을 한다. 이러한 자기강화의 과정에 따라 형성되는 효율성은 일생을 통해서 변화한다.

행동주의 치료에서는 모델링 개념을 두려움과 위협적인 상황에 대처하는 방식을 배우는 과정에 적용해 사용한다. 내담자로 하여금 모델을 관찰하면서 모델의 대처방식을 체계적으로 배우게 해 행동교정을 시도한다. 이때 모델링은 직접 모델의 행동을 관찰하거나 영상을 통해서도 관찰할 수 있다. 또는 위협적 상황에서 모델이 대처하는 방식을 상상해보면서 자신의 행동을 교정할 수 있다. 이렇게 모델링이 행동교정에 매우 효과적임에도 불구하고 사람들의 의지와는 상관없이 사람들을 통제하고 조정할 수 있다는 가능성 때문에 비판을 받기도 한다. 그러나 반두라는 행동교정을 원하는 사람들은 교정 과정에 대한 자각과 자기조절 능력을 가지고 있기 때문에 그럴 위험은 없다고 반박했다.

반두라는 직접관찰, 자기보고식 테스트, 신체반응 측정 등의 기술을 사용하고 특히 통제된 실험실에서 통계적으로 처리될 수 있는 다수의 참여자를 동원한 실험연구를 좋아했다. 그의 행동교정 기법은 널리 사용되고 그 효과를 인정받고 있다. 그런 반면 동기, 정서, 갈등 등의 내면을 다루지 않고 드러나는 행동에만 초점을 맞추고, 내면의 문제보다는 증상치료에만 초점을 맞추고, 또 인지 변수가 행동에 끼치는 영향에 대해서 분명하게 설명하지 못하는 부분 때문에 비판을 받고 있다. 그럼에도 불구하고 심리학자들이 여러 관점에서 자기효율성에 대해 연구했다. 자기효율성의 발달, 자기효율성의 역동, 다양한 환경에서의 자기효율성의 부족함, 자기효율성과 자기개념과의 관계, 자기효율성 형성을 낮추는 습관이나 태도 등에 대한 연구가 이루어져 그의 이론의 입지를 강화했다.

반두라 역시 성장과정의 경험이 이론 성립에 영향을 주었다. 외떨어진 시골에서 홀로 공부해야만 했지만 스스로 공부하려는 동기가 있었기 때문에 학자로서 성공할 수 있었다. 반두라는 자신의 이러한 경험을 바탕으로 자신의 이론을 구축했다. 그의 부모의 지지는 심리적 안정감을 제공했고, 평탄하고 안정된 삶과 연구를 할 수 있는 기초를 마련해주었다. 그는 1949년에 미국으로 와서 1956년에 미국시민권자가 되었으며, 결혼 후 두 딸을 얻게 되었다.

모델링

1. 누군가의 행동을 모델로 삼아 얻은 좋은 행동 하나와 나쁜 행동 하나를 기술해보라. 그 행동의 모델은 누구였는가? 당신은 의도적으로 그 행동을 모방하기로 했는가, 아니면 무의식적으로 모방하게 되었는가?

    ....

    ....

    ....

2. 감정 표현 양식이나 인간관계를 맺는 양식까지도 우리는 학습이나 모델링을 통해 배운다. 특히 부모들의 감정 표현 양식과 상호작용하는 패턴을 자녀들이 학습하는 경우도 많다. 당신의 분노, 사랑, 증오 등의 표현 방법과 다른 사람, 특히 이성과의 관계양식을 부모의 것과 비교해 적어보라.

    ....

    ....

    ....

3. 반두라의 아동의 공격성 학습에 대한 연구는 매우 유명하다. TV를 통해 어린아이가 곧 공격성을 표현하는 것을 보면 TV가 어린아이에게 끼치는 영향이 매우 크다고 잠정적으로 판단할 수 있다. 당신이 자라나면서 즐겨 보던 TV 프로그램은 무엇이었는지, 이러한 프로그램이 당신 자신에게는 어떤 영향을 끼쳤는지 서술해보라.

    ....

    ....

    ....

1. 과거에 불안을 느꼈던 상황이나 불안을 느낌 직한 상황을 떠올려보라. 그런 상황을 그리면서 일어나는 감정을 경험해보라.

....

....

....

2. 그 이미지를 마음속에 간직하면서 당신의 호흡에 주목하고 "긴장을 풀자"라고 말해보라.

....

....

....

3. 계속 이미지를 떠올리고 그 상황에서 하고 싶은 대로 행동하는 것을 상상해보라. 당신이 원하는 어떤 것이든 상상할 수 있다.

....

....

....

4. 불안 없이 행동하는 당신 자신을 상상하면서 마음속에서 상황을 통제할 수 있을 때까지 이 연습을 반복해보라.

....

....

5. 가능하다면 실제 상황에 직면할 수 있는 기회를 찾아보자. 이 훈련을 행한 전후의 당신의 적응능력을 평가하라.

자신의 삶을 관리하기

1. 자신의 마음에 안 드는 행동 중에서 고치고 싶지만 잘 안 되는 것이 있거나 혹은 이루고 싶은 목표가 있는데 잘 이루지 못하는 것이 있으면 아래에 적어보라.

2. 계획 세우기. 먼저 이루고자 하는 행동목표를 적어보라. 행동목표는 단순하고, 가능한 것으로서, 측정 가능해야 하며, 지금 당장 시작할 수 있어야 하고, 지속적으로 실행할 수 있는 것이어야 한다.

위의 행동을 위해 지금까지 해온 행동들을 자세하게 적어보라.

위의 행동들을 검색하고, 행동 수행 목표에 도움이 되었던 것들을 적어보라. 도움이 되지 않았던 것들은 다른 방법으로 바꾸어야 한다.

위의 도움이 되었던 것들을 더 자주 할 수 있게 하는 계획을 세워보라.

도움이 될 것이라고 생각되는 것들도 함께 덧붙여 계획을 세워도 좋다.

위의 계획된 행동을 일주일 이상 반복해보라.

결과를 측정해보라.

자기효율성

반두라는 행동 수행에 있어서 목표 세우기와 자기만족이 필수조건이라고 보았다. 또 목표를 성공적으로 추구하려는 능력을 자신이 소유하고 있다고 믿는 자신의 신념에 따라 성취도가 달라진다고 했다. 이 신념을 반두라는 지각된 자기효율성이라고 보았다.

자기효율성self-efficacy에 대한 사실-거짓 목록을 10개 문항 정도 만들어보라. 이 목록은 5개 문항은 사실로, 나머지 5개 문항은 거짓으로 답이 나올 수 있어야 한다. 예를 들어 전자는 '나는 내 스스로 설정한 목표를 성취할 수 있다고 확신한다' 등의 문항이어야 하며 후자는 '나는 종종 내 능력을 의심하곤 한다' 등의 문장이 포함되어야 한다.

10개의 완성된 척도를 12명의 학생들에게 적용해보라. 점수 범위는 0~10점이다. 얻어진 자기효율성 척도의 점수와 학점 간의 상관관계를 산출해보라. 기대했던 정적 상관관계를 발견할 수 있는가? 그 이유는 무엇인가? 만일 기대했던 결과가 나오지 않았다면 그 이유는 무엇인가?

참고자료 ● ● ● ● ● ● ● ● ● ● ● ● ● ●

Bandura, A., & Ribes-Inesta, Emilio. Analysis of Delinquency and Aggression. Lawrence Erlbaum Associates, INC: NJ. 1976.

Bandura, A. & Walters, R. H. (1959). Adolescent Aggression. Ronald Press: New York. 1959.

Rosenthal T. L. & Bandura. A. Handbook Of Psychotherapy And Behavior Change; An Empirical Analysis. N. Y.: Wiley. 1978.

_____. Social Learning through Imitation. University of Nebraska Press: Lincoln, NE. 1962.

_____. Principles of behavior modification. New York: Holt, Rinehart and Winston. 1969.

_____. Psychological modeling: conflicting theories. Chicago: Aldine · Atherton. 1971.

_____. Aggression: a social learning analysis. Englewood Cliffs, N. J.: Prentice−Hall. 1973.

_____. Social Learning & Personality Development. Holt, Rinehart & Winston, INC: NJ. 1975.

_____. The Making Of Psychology: Discussion With Creative Contributors. N. Y.: Knopf. 1976.

_____. Social Learning Theory. Englewood Cliffs. NJ: Prentice Hall. 1977.

_____. Social Foundations Of Thought And Action: A Social Cognitive Theory. Englewood Cliffs, N.J.: Practive Hall. 1986.

_____. Social Foundations of Thought and Action: A Social Cognitive Theory. Englewood Cliffs, N.J.: Prentice-Hall. 1986.

_____. Self-efficacy: the exercise of control. New York: W. H. Freeman. 1997.

_____. Moral Disengagement: How People Do Harm and Live with Themselves. N. Y.: Worth. 2015.

저자 소개

김영애 Ph.D

활동

　김영애가족치료연구소 소장
　한국사티어가족상담교육원 원장
　한국사티어변형체계치료학회 회장
　단국대학교 겸임교수

　전 한국가족치료학회 회장
　　한국목회상담협회 부회장
　　가정법원조정위원
　　기독교 여성상담소 전문위원
　　이주여성인권센터 이사
　　The international journal for the Psychology of Religion
　　아시아지역 편집위원

자격

　미국가족치료학회(AAMFT) 지도감독자
　한국사티어변형체계치료학회 지도감독자
　한국가족치료학회 지도감독자
　한국상담심리학회 지도감독자(상담심리사 1급)
　한국상담학회 지도감독자

한국부부가족상담학회 지도감독자

한국다문화상담학회 지도감독자

한국기독교상담심리치료학회 지도감독자

학력

Claremont Theological Seminary Pastoral Counseling Ph.D.(1991)

Claremont Theological Seminary M.Div.(1991)

Claremont Theological Seminary Pastoral Counseling MATS(1988)

주요 저서

사티어모델: 핵심개념과 실제적용(2014)

사티어모델: 이론과 실제(2015)

사티어의 빙산의사소통방법(2010)

사티어 빙산의사소통(2015)

아름다운 사람 만들기(2015)

주요 역서

가족치료, 제6판(2015)

가족치료: 개념과 방법(2011)

가족치료 현장으로의 초대(2006)

부부가족치료기법(2006)

사티어 모델: 가족치료의 지평을 넘어서(2011)

방어기제를 다루는 상담기법(2014)

이상심리학(2000)